대한민국 법령 시리즈 2

어선법

법령
시행령
시행규칙

해광출판사

머리말

이 책은 방대한 법전을 보지 않고 간편하게 해당되는 법령만 참고해서 볼 수 있도록 하였습니다. 공공기관이나 관련 종사자들이 쉽고 간편하게 해당 법령을 참조 할 수 있도록 하였습니다.

특히 해당법률은 물론 관련 시행령, 시행규칙을 함께 실어 관련법을 서로 참고할 수 있게 하였습니다.

법률이라는 것이 크든 작든 항상 변하는 관계로, 출간 이후의 정확하고 최신의 법률은 법제처 국가법령정보센터에서 확인이 가능하니 법률의 실제 적용 시 확인이 필요한 점 유의하기를 바랍니다.

편집부

* 수록 법률은 법제처 국가법령정보센터에서 확인 가능합니다.
* 발행일 기준 시행 법률이므로 최신 법령은 위 센터에서 볼 수 있습니다.
* 본 책자에 수록된 법률의 문구에 대하여 법적인 효력은 없으며,
  실제 적용 법률은 위 센터에서 최신의 법률로 확인하시기 바랍니다.
* 해당 법령과 함께 시행령, 시행규칙도 수록되어 있습니다.
* 발행일 기준으로 개정 예정 법률은 밑줄로 별도 표시되어 있으며,
  보다 정확한 것은 법제처에서 확인하기 바랍니다.

목차

어선법

[시행 2023. 1. 12.] [법률 제18755호, 2022. 1. 11., 타법개정]

**개정 예정 법률 밑줄 별도 표시.

어선법

[시행 2023. 1. 12.] [법률 제18755호, 2022. 1. 11., 타법개정]

제1장 총칙 〈개정 2008. 3. 28.〉

제1조(목적) 이 법은 어선의 건조·등록·설비·검사·거래 및 조사·연구에 관한 사항을 규정하여 어선의 효율적인 관리와 안전성을 확보하고, 어선의 성능 향상을 도모함으로써 어업생산력의 증진과 수산업의 발전에 이바지함을 목적으로 한다. 〈개정 2009. 5. 27., 2016. 12. 27.〉

[전문개정 2008. 3. 28.]

제2조(정의) 이 법에서 사용하는 용어의 뜻은 다음과 같다. 〈개정 2017. 10. 31., 2019. 8. 27.〉

1. "어선"이란 다음 각 목의 어느 하나에 해당하는 선박을 말한다.

가. 어업(「양식산업발전법」에 따른 양식업을 포함한다. 이하 같다), 어획물운반업 또는 수산물가공업(이하 "수산업"이라 한다)에 종사하는 선박

나. 수산업에 관한 시험·조사·지도·단속 또는 교습에 종사하는 선박

다. 제8조제1항에 따른 건조허가를 받아 건조 중이거나 건조한 선박

라. 제13조제1항에 따라 어선의 등록을 한 선박

2. "개조"란 다음 각 목의 어느 하나에 해당하는 것을 말한다.

가. 어선의 길이 · 너비 · 깊이(이하 "주요치수"라 한다)를 변경하는 것

나. 어선의 추진기관을 새로 설치하거나 추진기관의 종류 또는 출력을 변경하는 것

다. 어선의 용도를 변경하거나 어업의 종류를 변경할 목적으로 어선의 구조나 설비를 변경하는 것

3. "만재흘수선(滿載吃水線)"이란 「선박안전법」 제2조제7호에 따른 만재흘수선을 말한다.

4. "복원성"이란 「선박안전법」 제2조제8호에 따른 복원성을 말한다.

[전문개정 2008. 3. 28.]

제3조(어선의 설비) 어선은 해양수산부장관이 정하여 고시하는 기준에 따라 다음 각 호에 따른 설비의 전부 또는 일부를 갖추어야 한다. 〈개정 2013. 3. 23.〉

1. 선체
2. 기관
3. 배수설비
4. 돛대
5. 조타 · 계선 · 양묘설비
6. 전기설비
7. 어로 · 하역설비
8. 구명 · 소방설비
9. 거주 · 위생설비

10. 냉동 · 냉장 및 수산물처리가공설비

11. 항해설비

12. 그 밖에 해양수산부령으로 정하는 설비

[본조신설 2009. 5. 27.]

제3조의2(복원성 승인 및 유지) ① 다음 각 호의 어느 하나에 해당하는 어선의 소유자는 어선이 해양수산부장관이 정하여 고시하는 복원성 기준에 적합한지에 대하여 해양수산부령으로 정하는 바에 따라 복원성 승인을 받아야 한다.

1. 배의 길이가 24미터 이상인 어선

2. 「낚시 관리 및 육성법」 제2조제7호에 따른 낚시어선으로서 어선검사증서에 기재된 최대승선인원이 13명 이상인 어선

② 해양수산부장관은 제1항에 따른 승인을 하는 경우 복원성 계산을 위하여 컴퓨터프로그램을 사용할 때에는 해양수산부장관이 정하여 고시하는 복원성 계산방식에 따라야 한다.

③ 제1항에 따른 승인을 받은 어선의 소유자는 제1항 각 호 외의 부분에 따른 복원성 기준에 따라 복원성을 유지하여야 한다.

④ 제1항에 따른 승인을 받은 어선의 소유자는 복원성에 관한 자료를 해당 어선의 선장에게 제공하여야 한다.

⑤ 제4항에 따라 복원성에 관한 자료를 제공받은 선장은 해당 자료를 어선 안에 비치하여야 한다.

[본조신설 2017. 10. 31.]

제4조(만재흘수선의 표시 등) ① 길이 24미터 이상의 어선의 소유자는 해양수산부장관이 정하여 고시하는 기준에 따라 만재흘수선의 표시를 하여야 한다. 다만, 제21조제1항제5호에 따른 임시항행검사를

받고 항행하는 어선 등 해양수산부령으로 정하는 어선은 만재흘수선의 표시를 생략할 수 있다. 〈개정 2013. 3. 23., 2013. 4. 5., 2017. 10. 31.〉

② 누구든지 제1항에 따라 표시된 만재흘수선을 초과하여 사람, 어획물 또는 화물 등을 승선시키거나 싣고 항행하여서는 아니 된다. 〈신설 2017. 10. 31., 2020. 2. 18.〉

[본조신설 2009. 5. 27.]

[제목개정 2017. 10. 31.]

제5조(무선설비) ① 어선의 소유자는 해양수산부장관이 정하여 고시하는 기준에 따라 「전파법」에 따른 무선설비를 어선에 갖추어야 한다. 다만, 국제항해에 종사하는 총톤수 300톤 이상의 어선으로서 어획물운반업에 종사하는 어선 등 해양수산부령으로 정하는 어선에는 「해상에서의 인명안전을 위한 국제협약」에 따른 세계해상조난 및 안전제도의 시행에 필요한 무선설비를 갖추어야 한다. 이 경우 무선설비는 「전파법」에 따른 성능과 기준에 적합하여야 한다. 〈개정 2013. 3. 23., 2013. 4. 5.〉

② 제1항에 따라 무선설비를 갖춘 어선의 소유자는 안전운항과 해양사고 발생 시 신속한 대응을 위하여 어선을 항행하거나 조업에 사용하는 경우 무선설비를 작동하여야 한다. 〈신설 2017. 10. 31.〉

③ 제1항에도 불구하고 어선이 해양수산부령으로 정하는 항행의 목적에 사용되는 경우에는 무선설비를 갖추지 아니하고 항행할 수 있다. 〈개정 2013. 3. 23., 2017. 10. 31.〉

[본조신설 2009. 5. 27.]

제5조의2(어선위치발신장치) ① 어선의 안전운항을 확보하기 위하여

제2조제1호가목 또는 나목에 해당하는 어선(「내수면어업법」에 따른 내수면어업에 종사하는 어선 등 해양수산부령으로 정하는 어선은 제외한다)의 소유자는 해양수산부장관이 정하는 기준에 따라 어선의 위치를 자동으로 발신하는 장치(이하 "어선위치발신장치"라 한다)를 갖추고 이를 작동하여야 한다. 다만, 해양경찰청장은 해양사고 발생 시 신속한 대응과 어선 출항·입항 신고 자동화 등을 위하여 필요한 경우 그 기준을 정할 수 있다. 〈개정 2013. 3. 23., 2014. 11. 19., 2017. 7. 26., 2018. 12. 31.〉

② 제5조제1항에 따른 무선설비가 어선위치발신장치의 기능을 가지고 있는 때에는 어선위치발신장치를 갖춘 것으로 본다.

③ 제1항에 따른 어선의 소유자 또는 선장은 어선위치발신장치가 고장나거나 이를 분실한 경우 지체 없이 그 사실을 해양경찰청장에게 신고한 후 대통령령으로 정하는 기한까지 어선위치발신장치를 정상 작동하기 위한 수리 또는 재설치 등의 조치를 하여야 한다. 〈개정 2014. 11. 19., 2017. 7. 26., 2017. 10. 31., 2020. 2. 18.〉

④ 국가 또는 지방자치단체는 어선위치발신장치를 설치하는 어선의 소유자에 대하여 예산의 범위에서 그 설치비용의 전부 또는 일부를 지원할 수 있다.

⑤ 제3항에 따른 신고의 방법 및 절차 등에 필요한 사항은 해양경찰청장이 정한다. 〈개정 2014. 11. 19., 2017. 7. 26.〉

[본조신설 2011. 7. 14.]

제6조(국제협약 규정의 적용) 국제협약의 적용을 받는 어선의 경우 그 협약의 규정이 이 법의 규정과 다를 때에는 해당 국제협약의 규정을 적용한다.

[본조신설 2009. 5. 27.]

제2장 어선의 건조 〈개정 2008. 3. 28.〉

제7조 삭제 〈1999. 2. 8.〉

제8조(건조 · 개조의 허가 등) ① 어선을 건조하거나 개조하려는 자 또는 어선의 건조 · 개조를 발주하려는 자는 해양수산부령으로 정하는 바에 따라 해양수산부장관이나 특별자치시장 · 특별자치도지사 · 시장 · 군수 · 구청장(구청장은 자치구의 구청장을 말하며, 이하 "시장 · 군수 · 구청장"이라 한다)의 허가(이하 "건조 · 개조허가"라 한다)를 받아야 한다(총톤수 2톤 미만 어선의 개조 등 해양수산부령으로 정하는 경우는 제외한다). 허가받은 사항을 변경하려는 경우에도 또한 같다. 〈개정 2008. 3. 28., 2013. 3. 23., 2013. 4. 5.〉

② 해양수산부장관이나 시장 · 군수 · 구청장은 다음 각 호의 어느 하나에 해당하는 경우를 제외하고는 제1항에 따른 허가를 하여야 한다. 〈신설 2013. 4. 5., 2019. 8. 27.〉

1. 신청인이 하려는 어업에 대하여 「수산업법」 또는 「양식산업발전법」에 따른 수산자원의 증식 · 보호 등을 위한 어업조정이 필요하다고 인정되는 경우

2. 신청인이 「수산업법」, 「양식산업발전법」, 「원양산업발전법」 및 「내수면어업법」에 따른 면허어업 · 허가어업 또는 신고어업을 할 수 없다고 인정되는 경우

3. 신청인이 이 법, 「수산업법」, 「양식산업발전법」, 「원양산업발전법」 및 「내수면어업법」을 위반하여 행정처분을 받고 그 효력이 종료되지 아니한 경우

4. 제1호부터 제3호까지의 경우 외에 어선의 효율적 관리를 저해하는 중대한 공익적 사유가 있는 경우로서 해양수산부령으로 정하는 경우

③ 해양수산부장관은 건조·개조허가를 받은 어선의 주요치수·성능 및 총톤수 등에 관하여 오차허용범위를 정할 수 있다. 이 경우 오차허용범위 안의 어선에 대하여는 제1항 후단에 따른 변경허가를 받은 것으로 본다. 〈개정 2008. 3. 28., 2013. 3. 23.〉

④ 해양수산부장관이나 시장·군수·구청장은 건조·개조허가를 할 때 해양수산부령으로 정하는 바에 따라 조건을 붙일 수 있다. 〈개정 2008. 3. 28., 2013. 3. 23.〉

⑤ 삭제 〈2013. 4. 5.〉

[제목개정 2008. 3. 28.]

제9조 삭제 〈1999. 2. 8.〉

제9조(어선건조·개조업의 등록 등) ① 어선을 건조하거나 개조 또는 어선의 안전성에 영향을 미치는 수리행위 등 해양수산부령으로 정하는 수리를 하는 사업(이하 "어선건조·개조업"이라 한다)을 하려는 자는 해양수산부장관에게 등록하여야 한다.

② 제1항에 따른 등록을 하려는 자는 대통령령으로 정하는 시설·장비 및 인력 등의 기준을 갖추어야 한다.

③ 제1항에 따라 등록을 한 자(이하 "어선건조·개조업자"라 한다)는 등록한 사항 중 대통령령으로 정하는 중요 사항을 변경하려면 해양수산부장관에게 변경등록을 하여야 한다.

④ 제1항에 따른 등록 및 제3항에 따른 변경등록의 절차 등에 관하여 필요한 사항은 해양수산부령으로 정한다.

[본조신설 2024. 12. 20.]

[시행일: 2025. 12. 21.] 제9조

제9조의2(어선건조·개조업 등록의 취소 등) ① 해양수산부장관은 어선건조·개조업자가 다음 각 호의 어느 하나에 해당하는 경우에는 그 등록을 취소하거나 6개월 이내의 기간을 정하여 영업의 전부 또는 일부의 정지를 명할 수 있다. 다만, 제1호 및 제5호에 해당하는 경우에는 그 등록을 취소하여야 한다.

1. 거짓이나 그 밖의 부정한 방법으로 등록 또는 변경등록을 한 경우

2. 제9조제2항에 따른 등록기준을 갖추지 못하게 된 경우

3. 제9조제3항에 따른 변경등록을 하지 아니하고 어선건조·개조업을 한 경우

4. 제23조제2항을 위반하여 제21조에 따른 어선의 검사 또는 제22조제1항에 따른 건조검사 및 같은 조 제6항에 따른 별도건조검사를 받은 해당 어선의 선체·기관·설비 등을 임의로 변경하거나 설치한 경우

5. 영업정지 명령을 위반하여 영업정지 기간 중에 영업을 한 경우

② 제1항에 따라 어선건조·개조업의 등록이 취소된 자는 등록이 취소된 날부터 1년간 어선건조·개조업의 등록을 할 수 없다.

③ 제1항에 따른 행정처분의 세부 기준은 해양수산부령으로 정한다.

[본조신설 2024. 12. 20.]

[시행일: 2025. 12. 21.] 제9조의2

제9조의3(어선건조·개조업자에 대한 지원 등) ① 해양수산부장관은 어선건조·개조업자에 대하여 어선의 개발, 시설의 이전 등 필요한

지원을 할 수 있다.

② 해양수산부장관은 어선의 건조·개조 등에 관한 산업을 육성하기에 적합하다고 인정되는 지역을 어선건조·개조업 진흥단지로 선정하여 필요한 지원을 할 수 있다.

③ 제2항에 따른 어선건조·개조업 진흥단지의 선정 기준 및 절차 등에 관하여 필요한 사항은 해양수산부령으로 정한다.

[본조신설 2024. 12. 20.]

[시행일: 2025. 12. 21.] 제9조의3

제10조(허가의 취소 등) ①해양수산부장관이나 시장·군수·구청장은 건조·개조허가를 받은 자나 어선의 건조·개조를 발주받아 건조·개조하는 자가 다음 각 호의 어느 하나에 해당하는 경우에는 건조·개조허가를 취소할 수 있다. 다만, 제1호에 해당하면 그 허가를 취소하여야 한다. 〈개정 2013. 3. 23., 2013. 4. 5.〉

1. 속임수나 그 밖의 부정한 방법으로 허가를 받은 경우
2. 허가사항을 위반하여 어선을 건조하거나 개조한 경우

② 시장·군수·구청장은 건조·개조허가를 받은 자나 어선의 건조·개조를 발주받아 건조·개조하는 자가 제1항제2호에 해당하는 경우에는 어선의 건조·개조의 중지, 어선 또는 어선설비의 제거를 명할 수 있다. 〈신설 2013. 4. 5.〉

[전문개정 2008. 3. 28.]

제10조(허가의 취소 등) ①해양수산부장관이나 시장·군수·구청장은 건조·개조허가를 받은 자나 어선건조·개조업자가 다음 각 호의 어느 하나에 해당하는 경우에는 건조·개조허가를 취소할 수 있다. 다만, 제1호에 해당하면 그 허가를 취소하여야 한다. 〈개정 2013.

3. 23., 2013. 4. 5., 2024. 12. 20.〉

1. 속임수나 그 밖의 부정한 방법으로 허가를 받은 경우

2. 허가사항을 위반하여 어선을 건조하거나 개조한 경우

② 시장·군수·구청장은 다음 각 호의 어느 하나에 해당하는 경우 어선의 건조·개조의 중지, 어선 또는 어선설비의 제거를 명할 수 있다. 〈개정 2024. 12. 20.〉

1. 건조·개조허가를 받은 자나 어선건조·개조업자가 허가사항을 위반하여 어선을 건조하거나 개조한 경우

2. 어선건조·개조업자가 건조·개조허가를 받지 아니한 어선을 건조하거나 개조한 경우

[전문개정 2008. 3. 28.]

[시행일: 2025. 12. 21.] 제10조

제11조 삭제 〈1999. 2. 8.〉

제12조 삭제 〈1999. 2. 8.〉

제3장 어선의 등록 〈개정 2008. 3. 28.〉

제13조(어선의 등기와 등록) ① 어선의 소유자나 해양수산부령으로 정하는 선박의 소유자는 그 어선이나 선박이 주로 입항·출항하는 항구 및 포구(이하 "선적항"이라 한다)를 관할하는 시장·군수·구청장에게 해양수산부령으로 정하는 바에 따라 어선원부에 어선의 등록을 하여야 한다. 이 경우 「선박등기법」 제2조에 해당하는 어선은 선박등기를 한 후에 어선의 등록을 하여야 한다. 〈개정 2013. 3. 23.〉

② 제1항에 따른 등록을 하지 아니한 어선은 어선으로 사용할 수 없다.

③ 시장·군수·구청장은 제1항에 따른 등록을 한 어선에 대하여 다음 각 호의 구분에 따른 증서 등을 발급하여야 한다.

1. 총톤수 20톤 이상인 어선 : 선박국적증서

2. 총톤수 20톤 미만인 어선(총톤수 5톤 미만의 무동력어선은 제외한다) : 선적증서

3. 총톤수 5톤 미만인 무동력어선 : 등록필증

④ 선적항의 지정과 제한 등에 필요한 사항은 해양수산부령으로 정한다. 〈개정 2013. 3. 23.〉

[전문개정 2008. 3. 28.]

제13조의2(소형어선 소유권 변동의 효력) 총톤수 20톤 미만의 소형어선에 대한 소유권의 득실변경은 등록을 하여야 그 효력이 생긴다.

[본조신설 2008. 3. 28.]

제13조의3(압류등록) 시장·군수·구청장은 「민사집행법」에 따라 법원으로부터 압류등록의 촉탁이 있거나 「국세징수법」 또는 「지방세징수법」에 따라 행정관청으로부터 압류등록의 촉탁이 있는 경우에는 해당 소형어선의 어선원부에 대통령령으로 정하는 바에 따라 압류등록을 하고 선박소유자에게 통지하여야 한다. 〈개정 2010. 3. 31., 2016. 12. 27.〉

[본조신설 2008. 3. 28.]

제14조(어선의 총톤수 측정 등) ① 어선의 소유자가 제13조제1항에 따른 등록을 하려면 해양수산부령으로 정하는 바에 따라 해양수산부장관에게 어선의 총톤수 측정을 신청하여야 한다. 〈개정 2013. 3. 23.〉

② 어선의 소유자는 어선의 수리 또는 개조로 인하여 총톤수가

변경된 경우에는 해양수산부장관에게 총톤수의 재측정을 신청하여야 한다. 〈개정 2013. 3. 23., 2020. 2. 18.〉

③ 어선의 소유자는 외국에서 취득한 어선을 외국에서 항행하거나 조업 목적으로 사용하려는 경우에는 그 외국에 주재하는 대한민국 영사에게 총톤수 측정이나 총톤수 재측정을 신청할 수 있다. 〈개정 2020. 2. 18.〉

[전문개정 2008. 3. 28.]

제15조(선박국적증서등의 비치) 어선의 소유자는 어선을 항행하거나 조업 목적으로 사용할 경우에는 제13조제3항 각 호에 따른 선박국적증서, 선적증서 또는 등록필증(이하 "선박국적증서등"이라 한다)을 어선에 갖추어 두어야 한다. 다만, 「내수면어업법」 제6조, 제9조, 제11조, 「양식산업발전법」 제10조제1항제6호, 제43조제1항제1호 또는 제2호에 따라 면허어업ㆍ허가어업ㆍ신고어업 또는 양식업에 사용하는 어선 등 해양수산부령으로 정하는 어선의 경우에는 그러하지 아니하다. 〈개정 2009. 5. 27., 2013. 3. 23., 2019. 8. 27.〉

[전문개정 2008. 3. 28.]

제16조(어선 명칭등의 표시와 번호판의 부착) ① 어선의 소유자는 선박국적증서등을 발급받은 경우에는 해양수산부령으로 정하는 바에 따라 지체 없이 그 어선에 어선의 명칭, 선적항, 총톤수 및 흘수(吃水)의 치수 등(이하 "명칭등"이라 한다)을 표시하고 어선번호판을 붙여야 한다. 〈개정 2013. 3. 23.〉

② 제1항에 따른 어선번호판의 제작과 부착 등에 필요한 사항은 해양수산부령으로 정한다. 〈개정 2013. 3. 23.〉

③ 어선의 소유자는 제1항에 따른 명칭등을 표시하고 어선번호판

을 붙인 후가 아니면 그 어선을 항행하거나 조업 목적으로 사용하여서는 아니 된다.

[전문개정 2008. 3. 28.]

第17조(등록사항의 변경) 어선의 소유자는 제13조제1항에 따른 등록사항이 변경된 경우에는 해양수산부령으로 정하는 바에 따라 변경등록을 신청하여야 한다. 〈개정 2013. 3. 23.〉

[전문개정 2008. 3. 28.]

第18조(선박국적증서등의 재발급) 어선의 소유자는 선박국적증서등을 잃어버리거나 헐어서 못 쓰게 된 경우에는 14일 이내에 해양수산부령으로 정하는 바에 따라 재발급을 신청하여야 한다. 〈개정 2013. 3. 23.〉

[전문개정 2008. 3. 28.]

第19조(등록의 말소와 선박국적증서등의 반납) ① 제13조제1항에 따른 등록을 한 어선이 다음 각 호의 어느 하나에 해당하는 경우 그 어선의 소유자는 30일 이내에 해양수산부령으로 정하는 바에 따라 등록의 말소를 신청하여야 한다. 〈개정 2013. 3. 23.〉

1. 어선 외의 목적으로 사용하게 된 경우
2. 대한민국의 국적을 상실한 경우
3. 멸실·침몰·해체 또는 노후·파손 등의 사유로 어선으로 사용할 수 없게 된 경우
4. 6개월 이상 행방불명이 된 경우

② 시장·군수·구청장은 어선의 소유자가 다음 각 호의 어느 하나에 해당하는 경우에는 30일 이내의 기간을 정하여 등록의 말소를 신청할 것을 최고하여야 하며 그 어선의 소유자가 최고를 받고도

정당한 사유 없이 이행하지 아니하면 직권으로 그 어선의 등록을 말소하여야 한다. 〈개정 2017. 10. 31.〉

1. 속임수나 그 밖의 부정한 방법으로 등록을 한 경우

2. 어선의 소유자가 제1항에 따른 등록의 말소신청을 기간 내에 하지 아니한 경우

3. 해당 어선으로 영위하는 수산업의 허가·신고·면허 등의 효력이 상실된 후 1년이 지난 경우. 다만, 대통령령으로 정하는 경우에는 그러하지 아니하다.

4. 정당한 사유 없이 제21조제1항제1호·제2호 및 제4호(같은 항 제1호에 따른 정기검사 또는 같은 항 제2호에 따른 중간검사를 할 때에 해양수산부장관이 특정한 사항에 대하여 임시검사를 받을 것을 지정한 경우로 한정한다)에 따른 어선의 검사를 받지 아니하고 1년이 지난 경우

③ 제2항에 따라 등록이 말소된 어선의 소유자는 지체 없이 그 어선에 붙어 있는 어선번호판을 제거하고 14일 이내에 그 어선번호판과 선박국적증서등을 선적항을 관할하는 시장·군수·구청장에게 반납하여야 한다. 다만, 어선번호판과 선박국적증서등을 분실 등의 사유로 반납할 수 없을 때에는 14일 이내에 그 사유를 선적항을 관할하는 시장·군수·구청장에게 신고하여야 한다.

[전문개정 2008. 3. 28.]

제20조 삭제 〈1999. 2. 8.〉

제4장 어선의 검사 등 〈개정 2009. 5. 27., 2017. 10. 31.〉

제21조(어선의 검사) ① 어선의 소유자는 제3조에 따른 어선의 설비, 제3조의2에 따른 복원성의 승인·유지 및 제4조에 따른 만재흘수선의 표시에 관하여 해양수산부령으로 정하는 바에 따라 다음 각 호의 구분에 따른 해양수산부장관의 검사를 받아야 한다. 다만, 총톤수 5톤 미만의 무동력어선 등 해양수산부령으로 정하는 어선은 그러하지 아니하다. 〈개정 2013. 3. 23., 2013. 4. 5., 2017. 10. 31.〉

1. 정기검사

최초로 항행의 목적에 사용하는 때 또는 제28조제1항에 따른 어선검사증서의 유효기간이 만료된 때 행하는 정밀한 검사

2. 중간검사

정기검사와 다음의 정기검사와의 사이에 행하는 간단한 검사

3. 특별검사

해양수산부령으로 정하는 바에 따라 임시로 특수한 용도에 사용하는 때 행하는 간단한 검사

4. 임시검사

제1호부터 제3호까지의 검사 외에 해양수산부장관이 특히 필요하다고 인정하는 때 행하는 검사

5. 임시항행검사

어선검사증서를 발급받기 전에 어선을 임시로 항행의 목적으로 사용하고자 하는 때 행하는 검사

② 제5조제1항에 따른 무선설비 및 제5조의2제1항에 따른 어선위치발신장치에 대하여는 「전파법」에서 정하는 바에 따라 검사를 받아야 한다. 〈개정 2017. 10. 31.〉

[본조신설 2009. 5. 27.]

제22조(건조검사 등) ① 어선을 건조하는 자는 제3조제1호 · 제2호 · 제3호 · 제5호 · 제6호의 설비와 제4조에 따른 만재흘수선에 대하여 각각 어선의 건조를 시작한 때부터 해양수산부장관의 건조검사를 받아야 한다. 다만, 배의 길이 24미터 미만의 목선 등 해양수산부령으로 정하는 어선의 경우에는 그러하지 아니하다. 〈개정 2013. 3. 23., 2013. 4. 5., 2020. 2. 18.〉

② 제1항에 따른 건조검사에 합격된 부분에 대하여는 제21조제1항제1호에 따른 정기검사 중 최초로 실시하는 검사를 할 경우 그 건조검사에서 합격된 부분에 대한 검사를 생략할 수 있다.

③ 제3조 각 호의 설비에 필요한 어선용물건(이하 "어선용품"이라 한다) 중 해양수산부령으로 정하는 어선용품을 제조 · 개조 · 수리 또는 정비하거나 수입하려는 자는 해당 어선용품을 설치하여야 할 어선이 결정되기 전에 해양수산부장관의 검사(이하 "예비검사"라 한다)를 받을 수 있다. 〈개정 2013. 3. 23.〉

④ 예비검사에 합격한 어선용품 및 「선박안전법」 제22조제3항에 따른 예비검사에 합격된 선박용물건에 대하여는 제1항에 따른 건조검사 또는 제21조제1항 각 호에 따른 검사 중 최초로 실시하는 검사를 할 경우 그 예비검사에서 합격된 부분에 대한 검사를 생략할 수 있다.

⑤ 제1항에 따른 건조검사 및 제3항에 따른 예비검사에 필요한 사항은 해양수산부령으로 정한다. 〈개정 2013. 3. 23.〉

⑥ 해양수산부장관은 외국에서 수입되는 선박 등 제1항에 따른 건조검사를 받지 아니하는 선박에 대하여 건조검사에 준하는 검사로

서 해양수산부령으로 정하는 검사(이하 "별도건조검사"라 한다)를 받게 할 수 있다. 이 경우 별도건조검사에 합격한 선박에 관하여는 제2항부터 제5항까지의 규정을 준용한다. 〈개정 2013. 3. 23.〉

[본조신설 2009. 5. 27.]

제23조(어선 검사 후 어선의 상태유지) 어선의 소유자는 제21조에 따른 어선의 검사 또는 제22조제1항에 따른 건조검사(별도건조검사를 포함한다)를 받은 후 해당 어선의 선체·기관·설비 등을 임의로 변경하거나 설치하여서는 아니 되며, 선체·기관·설비 등이 정상적으로 작동·운영되도록 상태를 유지하여야 한다.

[본조신설 2017. 10. 31.]

제23조(어선 검사 후 어선의 상태유지) ① 어선의 소유자는 제21조에 따른 어선의 검사 또는 제22조제1항에 따른 건조검사(별도건조검사를 포함한다)를 받은 후 해당 어선의 선체·기관·설비 등을 임의로 변경하거나 설치하여서는 아니 되며, 선체·기관·설비 등이 정상적으로 작동·운영되도록 상태를 유지하여야 한다. 〈개정 2024. 12. 20.〉

② 어선건조·개조업자는 제21조에 따른 어선의 검사 또는 제22조제1항에 따른 건조검사 및 같은 조 제6항에 따른 별도건조검사를 받은 해당 어선의 선체·기관·설비 등을 임의로 변경하거나 설치하여서는 아니 된다. 〈신설 2024. 12. 20.〉

[본조신설 2017. 10. 31.]

[시행일: 2025. 12. 21.] 제23조

제24조(형식승인 및 검정 등) ① 해양수산부장관이 정하여 고시하는 어선용품 또는 소형어선을 제조하거나 수입하려는 자는 해양수산부

장관의 형식승인 및 검정을 받을 수 있다. 이 경우 형식승인을 받으려는 자는 형식승인시험을 거쳐야 한다. 〈개정 2013. 3. 23.〉

② 제1항에 따른 형식승인을 받은 자가 그 내용을 변경하고자 하는 경우에는 해양수산부장관으로부터 변경승인을 받아야 한다. 이 경우 해당 어선 또는 어선용품의 성능에 영향을 미치는 사항을 변경하는 때에는 해당 변경 부분에 대하여 제1항에 따른 형식승인시험을 거쳐야 한다. 〈개정 2013. 3. 23.〉

③ 제1항 후단 및 제2항 후단에 따른 형식승인시험을 수행하는 시험기관(이하 "형식승인시험기관"이라 한다)은 다음 각 호의 어느 하나에 해당하는 기관으로 한다. 〈신설 2017. 10. 31.〉

1. 제24조의3제1항에 따라 지정·고시한 시험기관
2. 「선박안전법」 제18조제3항에 따라 지정·고시한 지정시험기관

④ 제1항에 따라 형식승인을 받은 자가 그 건조·제조 또는 수입한 어선 또는 어선용품으로서 해양수산부장관의 검정에 합격한 어선 또는 어선용품과 「선박안전법」 제18조제1항 및 제2항에 따라 해양수산부장관의 형식승인을 받고 지정검정기관의 검정에 합격된 선박용물건에 대하여는 제21조제1항 각 호에 따른 검사 중 최초로 실시하는 검사 또는 제22조제1항 및 제6항에 따른 검사를 할 경우 그 검정에서 합격된 부분에 대한 검사를 생략할 수 있다. 〈개정 2013. 3. 23., 2017. 10. 31.〉

⑤ 제1항 및 제2항에 따른 형식승인 및 검정, 변경승인에 필요한 사항은 해양수산부령으로 정한다. 〈개정 2013. 3. 23., 2017. 10. 31.〉

[본조신설 2009. 5. 27.]

제24조의2(형식승인의 취소 등) ① 해양수산부장관은 제24조제1항에 따라 형식승인을 받은 자가 다음 각 호의 어느 하나에 해당하는 경우에는 그 형식승인을 취소하거나 6개월 이내의 기간을 정하여 그 효력을 정지시킬 수 있다. 다만, 제1호부터 제3호까지 중 어느 하나에 해당하는 경우에는 그 형식승인을 취소하여야 한다.

1. 거짓이나 부정한 방법으로 형식승인 또는 그 변경승인을 받은 경우
2. 거짓이나 부정한 방법으로 검정을 받은 경우
3. 제조 또는 수입한 어선용품 또는 소형어선이 제3조에 따른 어선의 설비기준에 적합하지 아니한 경우
4. 정당한 사유 없이 2년 이상 계속하여 해당 어선용품 또는 소형어선을 제조하거나 수입하지 아니한 경우
5. 정당한 사유 없이 제37조제2항에 따라 준용되는 「선박안전법」 제75조에 따른 보고 또는 자료 제출을 하지 아니한 경우

② 제1항에 따른 형식승인의 취소·효력 정지의 절차 등에 필요한 사항은 해양수산부령으로 정한다.

[본조신설 2017. 10. 31.]

제24조의3(형식승인시험기관의 지정 및 지정취소 등) ① 해양수산부장관은 대통령령으로 정하는 지정기준을 갖춘 시험기관을 해양수산부령으로 정하는 바에 따라 형식승인시험기관으로 지정·고시할 수 있다.

② 해양수산부장관은 제1항에 따른 형식승인시험기관이 다음 각 호의 어느 하나에 해당하는 경우에는 그 지정을 취소하거나 6개월 이내의 기간을 정하여 지정의 효력을 정지시킬 수 있다. 다만, 제1호부터 제3호까지 중 어느 하나에 해당하는 경우에는 그 지정을 취

소하여야 한다.

1. 거짓이나 부정한 방법으로 지정을 받은 경우
2. 형식승인시험에 관한 업무를 수행하지 아니하게 된 경우
3. 제1항에 따른 형식승인시험기관의 지정기준에 미달하게 된 경우
4. 형식승인시험의 오차ㆍ실수ㆍ누락 등으로 인하여 공신력을 상실하였다고 인정되는 경우
5. 정당한 사유 없이 형식승인시험의 실시를 거부한 경우
6. 형식승인시험과 관련하여 부정한 행위를 하거나 수수료를 부당하게 받은 경우

③ 제2항에 따른 형식승인시험기관의 지정 취소ㆍ효력 정지의 절차 등에 필요한 사항은 해양수산부령으로 정한다.

[본조신설 2017. 10. 31.]

제25조(지정사업장의 지정) ① 해양수산부장관은 어선 또는 제3조 각 호에 따른 설비를 건조ㆍ제조하거나 정비(개조 또는 수리를 포함한다. 이하 같다)하는 사업장 중 해양수산부령으로 정하는 지정기준에 적합한 사업장에 대하여 어선, 어선의 설비 또는 어선용품의 지정건조사업장ㆍ지정제조사업장 또는 지정정비사업장(이하 "지정사업장"이라 한다)으로 지정할 수 있다. 〈개정 2013. 3. 23., 2017. 10. 31.〉

② 제1항에 따라 지정사업장의 지정을 받으려는 자는 어선, 어선의 설비 또는 어선용품의 건조ㆍ제조 또는 정비 규정을 작성하여 해양수산부장관의 승인을 받아야 한다. 〈개정 2013. 3. 23., 2017. 10. 31.〉

③ 어선, 어선의 설비 또는 어선용품이 제1항에 따른 지정건조사

업장 · 지정제조사업장에서 건조 · 제조되고 제2항에 따른 건조 · 제조 규정에 따라 적합하게 건조 · 제조된 것을 해양수산부령으로 정하는 바에 따라 확인한 경우에는 그 어선, 어선의 설비 또는 어선용품에 관하여는 제21조제1항 각 호에 따른 검사 중 최초로 실시하는 검사 또는 제22조제1항 및 제6항에 따른 검사를 할 경우 그 확인된 부분에 대한 검사를 생략할 수 있다. 〈개정 2013. 3. 23., 2017. 10. 31.〉

④ 어선, 어선의 설비 또는 어선용품이 제1항에 따른 지정정비사업장에서 정비되고 제2항에 따른 정비규정에 따라 적합하게 정비된 것을 해양수산부령으로 정하는 바에 따라 확인한 경우에는 그 정비를 받은 날부터 6개월 이내에 실시하는 제21조제1항제1호, 제2호 또는 제4호에 따른 정기검사, 중간검사 또는 임시검사를 할 경우 그 확인된 부분에 대한 검사를 생략할 수 있다. 〈개정 2013. 3. 23., 2013. 4. 5., 2017. 10. 31.〉

⑤ 제1항에 따른 지정사업장의 지정과 제2항에 따른 건조 · 제조 및 정비 규정의 승인에 필요한 사항은 해양수산부령으로 정한다. 〈개정 2013. 3. 23., 2017. 10. 31.〉

[본조신설 2009. 5. 27.]

[제목개정 2017. 10. 31.]

제26조(지정사업장의 지정 취소 등) ① 해양수산부장관은 지정사업장의 지정을 받은 자가 다음 각 호의 어느 하나에 해당하는 경우에는 그 지정을 취소하거나 6개월 이내의 기간을 정하여 지정의 효력을 정지시킬 수 있다. 다만, 제1호 또는 제2호에 해당하는 경우에는 그 지정을 취소하여야 한다. 〈개정 2020. 2. 18.〉

1. 거짓이나 부정한 방법으로 지정사업장의 지정을 받은 경우

2. 건조·제조하거나 정비한 어선, 어선의 설비 또는 어선용품이 제3조에 따른 어선의 설비기준에 적합하지 아니한 경우

3. 제25조제1항에 따른 지정기준에 미달하게 된 경우

4. 해양수산부장관이 정하여 고시하는 유효기간이 지난 어선의 설비 또는 어선용품을 판매한 경우

5. 정당한 사유 없이 1년 이상 계속하여 해당 어선, 어선의 설비 또는 어선용품을 건조·제조하거나 정비하지 아니한 경우

6. 거짓이나 부정한 방법으로 제25조제3항 또는 제4항에 따른 확인을 받은 경우

7. 제37조제2항에 따라 준용되는 「선박안전법」 제75조에 따른 보고 또는 자료 제출을 하지 아니하거나 거짓으로 보고 또는 자료 제출을 한 경우

② 제1항에 따라 지정사업장의 지정이 취소된 자는 지정이 취소된 날부터 1년간 지정사업장으로 지정될 수 없다.

③ 제1항에 따른 지정사업장 지정의 취소·효력 정지의 절차 등에 필요한 사항은 해양수산부령으로 정한다.

[본조신설 2017. 10. 31.]

제26조의2(하역설비의 확인 등) ① 1톤 이상의 어획물 또는 화물 등의 하역에 사용하는 하역설비를 갖춘 총톤수 300톤 이상의 어선의 소유자는 하역설비의 제한하중·제한각도 및 제한반지름(이하 "제한하중등"이라 한다)에 대하여 해양수산부장관의 확인을 받아야 한다. 〈개정 2020. 2. 18.〉

② 해양수산부장관은 제1항에 따른 하역설비에 대하여 제21조제1

항제1호에 따른 정기검사 또는 같은 항 제2호에 따른 중간검사를 한 경우에는 해양수산부령으로 정하는 바에 따라 하역설비검사기록부를 작성하여야 한다.

③ 제1항의 규정에 따라 확인을 받은 어선의 소유자는 확인받은 제한하중등의 사항을 위반하여 하역설비를 사용하여서는 아니 된다.

④ 제1항에 따른 하역설비의 제한하중등의 확인 기준, 절차 및 확인 사항의 표시 등에 관한 사항은 해양수산부령으로 정한다.

[본조신설 2017. 10. 31.]

제27조(검사증서의 발급 등) ① 해양수산부장관은 다음 각 호의 구분에 따라 검사증서를 발급한다. 〈개정 2013. 3. 23., 2017. 10. 31.〉

1. 제21조제1항제1호에 따른 정기검사에 합격된 경우에는 어선검사증서(어선의 종류·명칭·최대승선인원 및 만재흘수선의 표시 위치 등을 기재하여야 한다)

1의2. 제21조제1항제2호에 따른 중간검사 또는 같은 항 제4호에 따른 임시검사에 합격된 경우로서 어선검사증서의 기재사항이 변경된 경우에는 변경된 사항이 기재된 어선검사증서

2. 제21조제1항제3호에 따른 특별검사에 합격된 경우에는 어선특별검사증서

3. 제21조제1항제5호에 따른 임시항행검사에 합격된 경우에는 임시항행검사증서

4. 제22조제1항에 따른 건조검사에 합격된 경우에는 건조검사증서

5. 제22조제3항에 따른 예비검사에 합격된 경우에는 예비검사증

서

5의2. 제22조제6항에 따른 별도건조검사에 합격된 경우에는 별도건조검사증서

6. 제24조제1항에 따른 검정에 합격된 경우에는 검정증서

7. 제25조제3항 및 제4항에 따라 확인한 경우에는 건조·제조확인증 또는 정비확인증

8. 제26조의2제1항에 따라 확인한 경우에는 제한하중등 확인증

② 해양수산부장관은 제1항제4호, 제5호, 제5호의2 또는 제6호부터 제8호까지의 규정에 따른 검사증서·검정증서, 건조·제조·정비확인증 및 제한하중등 확인증을 발급하는 때에는 해당 어선 또는 어선용품에 합격표시 또는 증인(證印)을 붙여야 한다. 〈개정 2013. 3. 23., 2017. 10. 31.〉

[본조신설 2009. 5. 27.]

제28조(검사증서의 유효기간) ① 어선검사증서의 유효기간은 5년으로 한다.

② 제1항에 따른 유효기간의 기산방법은 해양수산부령으로 정한다. 〈개정 2013. 3. 23.〉

③ 제1항에 따른 어선검사증서의 유효기간은 다음 각 호의 어느 하나에 해당하는 경우에는 5개월 이내의 범위에서 해양수산부령으로 정하는 바에 따라 이를 연장할 수 있다. 〈개정 2013. 3. 23.〉

1. 어선검사증서의 유효기간이 만료되는 때에 해당 어선이 검사를 받을 수 있는 장소에 있지 아니한 경우

2. 해당 어선이 외국에서 정기검사를 받은 경우 등 부득이한 경우로서 새로운 어선검사증서를 즉시 교부할 수 없거나 어선에 비치

하게 할 수 없는 경우

3. 그 밖에 해양수산부령으로 정하는 경우

④ 어선검사증서는 중간검사 또는 임시검사를 받아야 할 어선이 그 검사에 합격되지 아니한 경우에는 해당 검사에 합격될 때까지 그 효력이 정지된다.

[본조신설 2009. 5. 27.]

제29조(검사증서 등의 비치) 어선의 소유자는 어선을 항행 또는 조업의 목적으로 사용할 경우에는 어선검사증서ㆍ어선특별검사증서 또는 임시항행검사증서를 어선에 비치하여야 한다. 다만, 「내수면어업법」 제6조, 제9조, 제11조, 「양식산업발전법」 제10조제1항제6호, 제43조제1항제1호 또는 제2호에 따라 면허어업ㆍ허가어업ㆍ신고어업 또는 양식업에 사용하는 어선 등 해양수산부령으로 정하는 어선의 경우에는 그러하지 아니하다. 〈개정 2013. 3. 23., 2013. 4. 5., 2019. 8. 27.〉

[본조신설 2009. 5. 27.]

제30조(재검사의 신청) ① 제14조ㆍ제21조ㆍ제22조ㆍ제24조 및 제25조에 따른 총톤수 측정ㆍ재측정, 검사ㆍ검정 및 확인(이하 이 조에서 "검사등"이라 한다)을 받은 자가 검사등에 대하여 이의가 있는 때에는 그 결과를 통지받은 날부터 60일 이내에 사유를 갖추어 해양수산부령으로 정하는 바에 따라 해양수산부장관에게 재검사 등을 신청할 수 있다. 〈개정 2013. 3. 23., 2020. 2. 18.〉

② 제1항에 따른 재검사 등을 받으려는 자가 해당 어선설비를 변경하려는 경우에는 해양수산부장관의 승인을 받아야 한다. 〈개정 2013. 3. 23.〉

[본조신설 2009. 5. 27.]

제5장 어선 등의 거래 〈신설 2016. 12. 27.〉

제31조(어선거래시스템 등의 구축·운영) ① 해양수산부장관은 어선 및 제3조에 따른 어선의 설비(제5조에 따른 무선설비를 포함한다. 이하 "어선설비등"이라 한다)의 거래와 관련하여 어업인의 편의, 거래의 투명성 및 효율성을 증진하기 위하여 어선거래시스템을 구축·운영할 수 있다.

② 해양수산부장관은 제1항에 따른 어선거래시스템(이하 "어선거래시스템"이라 한다)을 통하여 어선 및 어선설비등의 매매 또는 임대차와 관련한 정보를 해당 정보를 요청하는 자에게 제공할 수 있다. 이 경우 해양수산부장관은 어선소유자 등 개인의 사생활의 비밀 또는 자유를 침해하는 정보를 제공해서는 아니 되며, 제공하는 정보에 「개인정보 보호법」 제2조제1호에 따른 개인정보가 포함된 경우에는 같은 조 제3호에 따른 정보주체의 동의를 받아야 한다.

③ 해양수산부장관은 어선거래시스템의 효율적인 운영을 위하여 다음 각 호의 정보에 대한 데이터베이스를 구축·운영할 수 있다. 〈개정 2022. 1. 11.〉

1. 제13조제1항에 따른 어선의 등록, 제17조에 따른 어선의 변경등록 및 제19조에 따른 등록의 말소에 관한 정보
2. 제21조에 따른 어선의 검사에 관한 정보
3. 「수산업법」 제7조에 따른 어업의 면허, 같은 법 제40조 및 제43조에 따른 어업의 허가, 같은 법 제48조에 따른 어업의 신고에 관한 정보

4. 그 밖에 어선거래시스템의 효율적인 운영을 위한 정보로서 해양수산부령으로 정하는 정보

④ 해양수산부장관은 어선거래시스템의 운영을 위하여 필요한 경우에는 해양수산부령으로 정하는 바에 따라 전산정보처리조직에 의하여 어선거래시스템의 관리 · 운영 및 제3항에 따른 데이터베이스의 관리 업무를 처리할 수 있다.

⑤ 해양수산부장관은 어선 및 어선설비등 거래의 투명성 확보 및 어선정책의 수립을 위하여 필요한 경우 제31조의2에 따라 어선중개업의 등록을 한 자에게 어선 및 어선설비등의 거래에 관한 정보를 요청할 수 있다. 이 경우 자료의 제출을 요청받은 자는 특별한 사정이 없으면 이에 따라야 한다.

⑥ 해양수산부장관은 제3항에 따른 데이터베이스의 구축 · 운영을 위하여 필요한 경우 시장 · 군수 · 구청장에게 자료의 제공을 요청할 수 있다.

[본조신설 2016. 12. 27.]

제31조의2(어선중개업의 등록 등) 어선 및 어선설비등에 대한 매매 또는 임대차를 중개하는 사업(이하 "어선중개업"이라 한다)을 하려는 자는 다음 각 호의 요건을 모두 갖추어 해양수산부령으로 정하는 바에 따라 해양수산부장관에게 등록하여야 한다. 등록한 사항을 변경하려는 때에도 또한 같다.

1. 제31조의9제1항에 따른 보증보험의 가입

2. 해양수산부령으로 정하는 어선 및 어선설비등의 중개에 관한 교육의 이수. 이 경우 어선중개업의 등록을 하려는 자가 법인인 경우에는 그 대표자와 해당 법인에서 어선중개업을 하려는 자가 모두

교육을 이수하여야 한다.

3. 그 밖에 어선중개업의 수행에 필요한 사항으로서 대통령령으로 정하는 요건

[본조신설 2016. 12. 27.]

제31조의3(결격사유) 다음 각 호의 어느 하나에 해당하는 자는 제31조의2에 따른 등록을 할 수 없다. 〈개정 2018. 12. 31.〉

1. 미성년자

2. 피성년후견인 또는 피한정후견인

3. 파산선고를 받고 복권되지 아니한 자

4. 금고 이상의 실형의 선고를 받고 그 집행이 종료(집행이 종료된 것으로 보는 경우를 포함한다)되거나 집행이 면제된 날부터 2년이 지나지 아니한 자

5. 금고 이상의 형의 집행유예를 선고받고 그 유예기간 중에 있는 자

6. 제31조의4에 따라 어선중개업 등록이 취소(이 조 제1호부터 제3호까지의 어느 하나에 해당하여 등록이 취소된 경우는 제외한다)된 날부터 1년이 지나지 아니한 자

7. 대표자가 제1호부터 제5호까지의 어느 하나에 해당하는 법인

[본조신설 2016. 12. 27.]

제31조의4(어선중개업 등록의 취소 등) ① 해양수산부장관은 어선중개업의 등록을 한 자(이하 "어선중개업자"라 한다)가 다음 각 호의 어느 하나에 해당하는 경우에는 어선중개업 등록을 취소하거나 6개월 이내의 기간을 정하여 어선중개업의 전부 또는 일부의 정지를 명할 수 있다. 다만, 제1호, 제3호 또는 제7호에 해당하는 경우에는

어선중개업 등록을 취소하여야 한다.

1. 거짓이나 그 밖의 부정한 방법으로 제31조의2에 따른 어선중개업 등록 또는 변경등록을 한 경우

2. 제31조의2 각 호에 따른 어선중개업의 등록요건에 미달된 경우

3. 제31조의3제1호부터 제5호까지 또는 제7호의 어느 하나에 해당하는 경우. 다만, 법인의 대표자가 제31조의3제1호부터 제5호까지의 어느 하나에 해당하는 경우에 그 사유가 발생한 날부터 1개월 이내에 다른 사람으로 교체 임명한 경우는 예외로 한다.

4. 제31조의8제1항을 위반하여 거래계약서를 작성 또는 발급하지 아니하거나 같은 조 제2항을 위반하여 거래계약서 사본을 3년 미만으로 보존하거나 보존하지 아니한 경우

5. 제31조의8제1항에 따른 거래계약서에 거래금액, 그 밖의 거래내용을 거짓으로 기재하거나 서로 다른 둘 이상의 거래계약서를 작성한 경우

6. 제37조의2제2항에 따른 지도 · 감독을 기피하거나 방해한 경우

7. 영업정지명령을 위반하여 영업정지기간 중에 영업을 한 경우

② 제1항에 따른 행정처분의 세부적인 기준은 그 위반행위의 유형과 위반의 정도 등을 고려하여 해양수산부령으로 정한다.

[본조신설 2016. 12. 27.]

제31조의5(휴업 · 폐업 등의 신고) 어선중개업자는 다음 각 호의 어느 하나에 해당하는 경우에는 해양수산부령으로 정하는 바에 따라 그 사실을 해양수산부장관에게 신고하여야 한다.

1. 어선중개업을 폐업하려는 경우

2. 3개월을 초과하여 휴업하려는 경우

3. 휴업 후 영업을 다시 하려는 경우

4. 휴업기간을 연장하려는 경우

[본조신설 2016. 12. 27.]

제31조의6(과징금 처분) ① 해양수산부장관은 제31조의4제1항제2호 및 제4호부터 제6호까지의 규정에 따라 어선중개업자에게 영업정지를 명하여야 하는 경우로서 어선중개업의 영업정지가 어업인 등에게 심한 불편을 줄 우려가 있는 경우에는 대통령령으로 정하는 바에 따라 영업정지처분을 갈음하여 1천만원 이하의 과징금을 부과할 수 있다.

② 제1항에 따라 과징금 부과처분을 받은 자가 과징금을 기한 내에 납부하지 아니하는 때에는 국세 체납처분의 예에 따라 이를 징수한다.

③ 제1항에 따라 과징금을 부과하는 위반행위의 종류 및 위반 정도 등에 따른 과징금의 금액과 그 밖에 필요한 사항은 대통령령으로 정한다.

[본조신설 2016. 12. 27.]

제31조의7(어선중개업자에 대한 교육) 어선중개업자(법인인 경우에는 대표자와 해당 법인에서 어선중개업에 종사하는 사람을 말한다)는 해양수산부령으로 정하는 바에 따라 해양수산부장관이 실시하는 보수 교육을 받아야 한다.

[본조신설 2016. 12. 27.]

제31조의8(거래계약서의 작성 등) ① 어선중개업자는 어선 및 어선설비등의 매매 또는 임대차를 중개하는 경우 대통령령으로 정하는 바에 따라 거래계약서를 작성하여 거래당사자에게 발급하여야 한다.

② 어선중개업자는 제1항에 따른 거래계약서 사본을 3년간 보존하여야 한다.

[본조신설 2016. 12. 27.]

제31조의9(보증보험 가입 등) ① 어선중개업자는 어선 및 어선설비등의 매매 또는 임대차를 중개하면서 고의나 과실로 거래당사자에게 재산상의 손해를 발생하게 한 경우 그 손해에 대한 배상책임을 보장하기 위한 보증보험에 가입하여야 한다.

② 어선중개업자는 어선 및 어선설비등의 매매 또는 임대차를 중개하는 경우 거래당사자에게 제1항에 따른 손해배상책임의 보장에 관한 다음 각 호의 사항을 설명하고, 관계 증서의 사본을 발급하거나 관계 증서에 대한 전자문서를 제공하여야 한다.

1. 보장금액
2. 보장기간
3. 보증보험회사 및 그 소재지

③ 제1항에 따른 보증보험의 가입금액, 가입시기, 그 밖에 필요한 사항은 대통령령으로 정한다.

[본조신설 2016. 12. 27.]

제6장 어선의 연구·개발 〈개정 2008. 3. 28.〉

제32조(어선의 조사·연구) 해양수산부장관은 어선의 안전조업과 성능향상을 위하여 필요한 조사·연구를 할 수 있다. 〈개정 2013. 3. 23.〉

[전문개정 2008. 3. 28.]

제33조(표준어선형의 개발) 해양수산부장관은 어선의 개량과 어업경영의 합리화를 도모하기 위하여 어업의 종류별로 표준어선형을 개발하여 고시할 수 있다. 〈개정 2013. 3. 23.〉

[전문개정 2008. 3. 28.]

제7장 삭제 〈1999. 2. 8.〉

제34조 삭제 〈1999. 2. 8.〉

제35조 삭제 〈1999. 2. 8.〉

제36조 삭제 〈1999. 2. 8.〉

제8장 보칙 〈개정 2008. 3. 28.〉

제37조(다른 법령의 준용) ① 어선의 항행과 등록에 관하여 「선박법」 제2조, 제5조, 제9조제2항ㆍ제3항(대한민국 영사에게 임시선박국적증서의 발급을 신청하는 경우로 한정한다), 제10조(선박국적증서나 가선박국적증서를 갖추어 두지 아니하고는 대한민국국기를 게양할 수 없는 부분으로 한정한다), 제11조(국기 게양 부분으로 한정한다), 제13조, 제26조(국기게양과 표시의 면제로 한정한다), 제28조 및 제29조를 준용한다. 이 경우 "대한민국선박"은 "대한민국어선"으로, "한국선박"은 "한국어선"으로, "선박"은 "어선"으로, "선박취득지"는 "어선취득지"로, "선박관리인"은 "어선관리인"으로, "선박소유자"는 "어선소유자"로 본다. 〈개정 2008. 3. 28., 2014. 3. 24.〉

② 어선의 검사와 그 밖의 이와 관련된 사항에 관하여는 이 법에서 규정한 것을 제외하고는 「선박안전법」 제6조, 제12조부터 제14조까지, 제17조, 제41조, 제44조, 제66조, 제69조 및 제73조부터 제75조까지의 규정을 준용한다. 이 경우 "선박"은 "어선"으로 본다. 〈신설 2009. 5. 27., 2013. 3. 23., 2017. 10. 31.〉

③ 어선의 총톤수 측정에 관하여 「선박법」 제3조와 법률 제3641

호 선박법개정법률 부칙 제3조제1항을 준용한다. 이 경우 "한국선박"은 "한국어선"으로 본다. 〈개정 2008. 3. 28.〉

[제목개정 2008. 3. 28.]

제37조의2(위반행위에 대한 지도·단속 등) ① 해양수산부장관 또는 시장·군수·구청장은 이 법에 따라 어선의 건조·개조·등록·설비·검사 등과 관련하여 필요한 지도·단속을 할 수 있다. 이 경우 해양수산부장관 또는 시장·군수·구청장은 「수산업법」 제69조에 따른 어업감독 공무원에게 그 지도·단속 업무를 수행하게 할 수 있다. 〈개정 2022. 1. 11.〉

② 해양수산부장관은 어선중개업자에 대하여 해양수산부령으로 정하는 바에 따라 필요한 지도·감독을 할 수 있다.

[본조신설 2016. 12. 27.]

제38조(청문) 해양수산부장관이나 시장·군수·구청장은 다음 각 호의 어느 하나에 해당하는 처분을 하려면 청문을 하여야 한다. 〈개정 2013. 3. 23., 2013. 4. 5., 2016. 12. 27., 2017. 10. 31.〉

1. 제10조에 따른 건조·개조허가의 취소, 어선의 건조·개조의 중지 명령 및 어선 또는 어선설비의 제거 명령

2. 제19조제2항에 따른 어선등록의 말소

2의2. 제24조의2제1항에 따른 형식승인의 취소 또는 효력 정지

2의3. 제24조의3제2항에 따른 형식승인시험기관의 지정 취소 또는 효력 정지

2의4. 제26조제1항에 따른 지정사업장의 지정 취소 또는 효력 정지

3. 제31조의4에 따른 어선중개업 등록의 취소

4. 제41조제8항에 따른 대행의 취소 또는 정지

[전문개정 2008. 3. 28.]

제38조(청문) 해양수산부장관이나 시장·군수·구청장은 다음 각 호의 어느 하나에 해당하는 처분을 하려면 청문을 하여야 한다. 〈개정 2013. 3. 23., 2013. 4. 5., 2016. 12. 27., 2017. 10. 31., 2024. 12. 20.〉

1. 제9조의2제1항에 따른 어선건조·개조업 등록의 취소

1의2. 제10조에 따른 건조·개조허가의 취소, 어선의 건조·개조의 중지 명령 및 어선 또는 어선설비의 제거 명령

2. 제19조제2항에 따른 어선등록의 말소

2의2. 제24조의2제1항에 따른 형식승인의 취소 또는 효력 정지

2의3. 제24조의3제2항에 따른 형식승인시험기관의 지정 취소 또는 효력 정지

2의4. 제26조제1항에 따른 지정사업장의 지정 취소 또는 효력 정지

3. 제31조의4에 따른 어선중개업 등록의 취소

4. 제41조제8항에 따른 대행의 취소 또는 정지

[전문개정 2008. 3. 28.]

[시행일: 2025. 12. 21.] 제38조

제39조(수수료) ① 다음 각 호의 어느 하나에 해당하는 자는 해양수산부령 또는 특별자치시·특별자치도·시·군·자치구의 조례로 정하는 바에 따라 수수료를 내야 한다. 다만, 제40조제2항에 따라 해양수산부장관의 업무를 위탁받은 기관(이하 이 조에서 "수탁기관"이라 한다)이 위탁받은 업무를 수행하거나 제41조제1항에 따라 해양수산부장관의 업무를 대행하는 기관(이하 이 조에서 "대행기관"이라 한다)이 총톤수의 측정·재측정 및 검사 업무를 대행한 경우에는 수

탁기관 또는 대행기관에서 정하는 수수료를 그 수탁기관 또는 대행기관에 내야 한다. 〈개정 2013. 4. 5., 2016. 12. 27., 2017. 10. 31., 2020. 2. 18.〉

1. 제3조의2제1항에 따른 복원성 승인을 신청하는 자

1의2. 제8조제1항에 따라 어선의 건조·개조허가 또는 그 변경허가를 신청하는 자

2. 제13조제1항에 따라 어선의 등록을 신청하는 자

3. 제14조에 따라 어선의 총톤수 측정 또는 재측정을 신청하는 자

4. 제17조에 따라 변경등록을 신청하는 자

5. 제18조에 따라 선박국적증서등의 재발급을 신청하는 자

6. 제21조에 따라 어선검사를 신청하는 자

7. 제22조제1항에 따라 건조검사를 신청하는 자

8. 제22조제3항에 따라 예비검사를 신청하는 자

9. 제22조제6항에 따라 별도건조검사를 신청하는 자

10. 제24조제1항 및 제2항에 따라 형식승인 또는 그 변경승인 및 검정을 신청하는 자

11. 제25조제1항에 따라 지정사업장의 지정을 신청하는 자

11의2. 제25조제3항 또는 제4항에 따라 어선, 어선의 설비 또는 어선용품의 확인을 신청하는 자

11의3. 제26조의2제1항에 따른 하역설비의 제한하중등의 확인을 신청하는 자

12. 제28조제3항에 따라 어선검사증서 유효기간의 연장을 신청하는 자

13. 제30조제1항에 따라 재검사 등을 신청하는 자

13의2. 제31조제2항에 따라 제공되는 정보를 이용하려는 자

13의3. 제31조의2에 따라 어선중개업의 등록 또는 변경등록을 하려는 자

14. 제37조제2항에 따라 준용하는 「선박안전법」 제12조제1항·제13조제1항에 따른 국제협약검사·도면승인을 신청한 자

15. 제41조제3항에 따른 검사증서·검정증서·확인증 또는 어선총톤수측정증명서 등의 발급을 신청하는 자

② 수탁기관 또는 대행기관은 제1항 단서에 따라 수수료를 정하는 경우 그 기준을 정하여 해양수산부장관의 승인을 받아야 한다. 승인받은 사항을 변경하려는 경우에도 또한 같다. 〈개정 2013. 3. 23., 2016. 12. 27.〉

③ 수탁기관 또는 대행기관은 제2항에 따라 수수료를 정한 때에는 그 결정내용 및 산정내역을 인터넷 홈페이지에 공개하여야 한다. 〈신설 2013. 4. 5., 2016. 12. 27.〉

④ 제1항 단서에 따라 수탁기관 또는 대행기관이 수수료를 징수한 경우 그 수입은 그 수탁기관 또는 대행기관의 수입으로 한다. 〈개정 2013. 4. 5., 2016. 12. 27.〉

[전문개정 2008. 3. 28.]

제40조(권한의 위임 등) ① 이 법에 따른 해양수산부장관 또는 해양경찰청장의 권한은 그 일부를 대통령령으로 정하는 바에 따라 시장·군수·구청장 또는 소속 기관의 장에게 위임할 수 있다. 〈개정 2017. 7. 26.〉

② 이 법에 따른 해양수산부장관의 업무는 그 일부를 대통령령으

로 정하는 바에 따라 「한국해양교통안전공단법」에 따라 설립된 한국해양교통안전공단(이하 "공단"이라 한다)에 위탁할 수 있다. 〈개정 2018. 12. 31.〉

[전문개정 2016. 12. 27.]

제41조(검사업무 등의 대행) ① 해양수산부장관은 공단 또는 「선박안전법」 제60조제2항에 따른 선급법인(이하 "선급법인"이라 한다)으로 하여금 다음 각 호의 업무를 대행하게 할 수 있다. 다만, 선급법인의 경우 제5호 및 제5호의2의 업무는 제외한다. 〈개정 2009. 5. 27., 2013. 3. 23., 2013. 4. 5., 2016. 12. 27., 2017. 10. 31., 2020. 2. 18.〉

1. 제3조의2제1항에 따른 어선의 복원성 승인

1의2. 제14조에 따른 어선의 총톤수 측정ㆍ재측정

2. 제21조에 따른 어선의 검사

3. 제22조에 따른 어선의 건조검사, 어선용품의 예비검사 및 별도건조검사

4. 제24조제1항에 따른 어선 또는 어선용품의 검정

5. 제25조제1항에 따른 지정사업장의 지정을 위한 조사

5의2. 제25조제3항 또는 제4항에 따른 어선, 어선의 설비 또는 어선용품의 확인

5의3. 제26조의2에 따른 제한하중등의 확인 및 하역설비검사기록부의 작성

6. 제28조제3항에 따른 어선검사증서 유효기간 연장의 승인

7. 제37조제2항에 따라 준용되는 다음 각 목의 업무

가. 「선박안전법」 제12조제1항에 따른 국제협약검사

제13조제1항에 따른 도면승인

」 제41조제2항에 따른 위험물의 적재·운송·

·승인

2. 8.〉

법인은 제1항에 따라 대행하는 업무의 범위에서

승인을 받아 제27조제1항 각 호에 따른 검사증서

등 또는 어선총톤수측정증명서(국제톤수증서, 국제

재화중량톤수증서를 포함한다)를 발급할 수 있다.

28., 2009. 5. 27., 2013. 3. 23.〉

선급법인은 제1항에 따라 대행하는 업무에 대하여

로 정하는 바에 따라 해양수산부장관에게 보고하여야

008. 3. 28., 2013. 3. 23.〉

부장관은 제4항에 따라 공단이나 선급법인이 보고한

하여 그 처리내용을 확인하고 이 법 또는 이 법에 따

위반한 경우에는 필요한 조치를 하여야 한다. 〈개정

., 2013. 3. 23.〉

산부장관은 공단 또는 선급법인이 이 법에 따라 행한

하여 지도·감독하고, 필요하다고 인정되는 때에는 공단

법인에 대하여 그 사업에 관한 지시 또는 명령을 할 수

설 2009. 5. 27., 2013. 3. 23.〉

⑦ 해양수산부장관은 공단 또는 선급법인에 대하여 필요하다고 인정하는 때에는 그 회계 및 재산에 관한 사항을 검사할 수 있다. 〈신설 2009. 5. 27., 2013. 3. 23.〉

⑧ 해양수산부장관은 공단 또는 선급법인이 제1항에 따라 대행하

는 업무를 거짓 또는 부정한 방법으로 수행한 경우에는 대통령령으로 정하는 바에 따라 해당 업무의 대행을 취소하거나 정지할 수 있다. 〈신설 2017. 10. 31.〉

[제목개정 2008. 3. 28., 2009. 5. 27.]

제41조의2(공단에 대한 경비의 보조) 해양수산부장관은 공단에 대하여 어선 또는 어선설비에 관한 기술의 개발·보급, 대행업무 및 위탁업무 등의 수행에 필요한 경비를 예산의 범위에서 보조할 수 있다. 〈개정 2013. 3. 23., 2016. 12. 27.〉

[본조신설 2009. 5. 27.]

제42조(법정대리인의 의무) 제14조, 제16조제1항 및 제17조부터 제19조까지의 규정에서 어선의 소유자가 미성년자 또는 피성년후견인인 경우에는 그 법정대리인이 다음 각 호의 사항을 이행하여야 한다. 다만, 영업에 대하여 성년자와 동일한 능력을 가진 미성년자인 경우에는 그러하지 아니하다. 〈개정 2014. 3. 18., 2020. 2. 18.〉

1. 어선의 총톤수 측정·재측정의 신청
2. 어선 명칭등의 표시와 어선번호판의 부착
3. 등록 사항의 변경 신청
4. 선박국적증서등의 재발급 신청
5. 등록의 말소 신청에 따르는 소유자의 의무

[전문개정 2008. 3. 28.]

제9장 벌칙 〈개정 2008. 3. 28.〉

제43조(벌칙) 다음 각 호의 어느 하나에 해당하는 자는 3년 이하의 징역 또는 3천만원 이하의 벌금에 처한다.

1. 제8조제1항을 위반하여 건조·개조허가를 받지 아니하고 어선을 건조·개조하거나 어선의 건조·개조를 발주한 자

2. 제13조제2항을 위반하여 같은 조 제1항에 따른 등록을 하지 아니한 어선을 어선으로 사용한 자

3. 거짓 또는 부정한 방법으로 제41조제1항 또는 제3항에 따른 대행업무 또는 발급업무를 한 자

[전문개정 2017. 10. 31.]

제43조(벌칙) 다음 각 호의 어느 하나에 해당하는 자는 3년 이하의 징역 또는 3천만원 이하의 벌금에 처한다. 〈개정 2024. 12. 20.〉

1. 제8조제1항을 위반하여 건조·개조허가를 받지 아니하고 어선을 건조·개조하거나 어선의 건조·개조를 발주한 자

1의2. 제9조제1항을 위반하여 어선건조·개조업 등록을 하지 아니하고 어선건조·개조업을 한 자

2. 제13조제2항을 위반하여 같은 조 제1항에 따른 등록을 하지 아니한 어선을 어선으로 사용한 자

3. 거짓 또는 부정한 방법으로 제41조제1항 또는 제3항에 따른 대행업무 또는 발급업무를 한 자

[전문개정 2017. 10. 31.]

[시행일: 2025. 12. 21.] 제43조

제44조(벌칙) ① 다음 각 호의 어느 하나에 해당하는 자는 1년 이하의 징역 또는 1천만원 이하의 벌금에 처한다. 〈개정 2009. 5. 27., 2016. 12. 27., 2017. 10. 31.〉

1. 제3조의2제1항 또는 제3항을 위반하여 복원성 승인을 받지 아니하거나 복원성을 유지하지 아니하고 어선을 항행에 사용한 자

1의2. 제4조에 따른 만재흘수선의 표시를 하지 아니한 자

2. 제5조제1항에 따른 무선설비를 갖추지 아니하고 어선을 항행 또는 조업에 사용한 자

3. 제16조에 따른 어선 명칭등의 표시 또는 어선번호판을 은폐·변경 또는 제거하고 어선을 항행 또는 조업에 사용한 자

4. 제21조에 따른 어선검사를 받지 아니하고 어선을 항행 또는 조업에 사용한 자

4의2. 제23조를 위반하여 제21조에 따른 어선의 검사 또는 제22조제1항에 따른 건조검사(별도건조검사를 포함한다)를 받은 후 해당 어선의 선체·기관·설비 등을 임의로 변경하거나 설치한 자

5. 거짓이나 그 밖의 부정한 방법으로 제24조제1항 또는 제2항에 따른 형식승인, 그 변경승인 또는 검정을 받은 자

6. 거짓이나 그 밖의 부정한 방법으로 제25조제1항에 따른 지정사업장의 지정을 받은 자

7. 제27조제1항제1호에 따른 어선검사증서에 기재된 최대승선인원을 초과하여 어선을 항행 또는 조업에 사용한 자

7의2. 제27조제1항제1호에 따른 어선검사증서에 기재된 만재흘수선의 표시 위치 등을 위반한 어선을 항행 또는 조업에 사용한 자

8. 거짓이나 그 밖의 부정한 방법으로 제27조제1항에 따른 어선검사증서·어선특별검사증서·임시항행검사증서·건조검사증서·예비검사증서·별도건조검사증서·건조확인증·제조확인증·정비확인증 또는 제한하중등 확인증을 발급받은 자

9. 제31조의2에 따른 등록 또는 변경등록을 하지 아니하고 어선중개업을 한 자

10. 거짓이나 그 밖의 부정한 방법으로 제31조의2에 따른 어선중개업을 등록하거나 변경등록한 자

② 어선 승선원이 제1항의 위반행위를 하면 행위자를 벌할 뿐만 아니라 선장에게도 같은 항의 벌금형을 과(科)한다.

[전문개정 2008. 3. 28.]

제44조(벌칙) ① 다음 각 호의 어느 하나에 해당하는 자는 1년 이하의 징역 또는 1천만원 이하의 벌금에 처한다. 〈개정 2009. 5. 27., 2016. 12. 27., 2017. 10. 31., 2024. 12. 20.〉

1. 제3조의2제1항 또는 제3항을 위반하여 복원성 승인을 받지 아니하거나 복원성을 유지하지 아니하고 어선을 항행에 사용한 자

1의2. 제4조에 따른 만재흘수선의 표시를 하지 아니한 자

2. 제5조제1항에 따른 무선설비를 갖추지 아니하고 어선을 항행 또는 조업에 사용한 자

2의2. 거짓이나 그 밖의 부정한 방법으로 제9조제1항 또는 제3항에 따른 어선건조·개조업 등록을 하거나 변경등록을 한 자

3. 제16조에 따른 어선 명칭등의 표시 또는 어선번호판을 은폐·변경 또는 제거하고 어선을 항행 또는 조업에 사용한 자

4. 제21조에 따른 어선검사를 받지 아니하고 어선을 항행 또는 조업에 사용한 자

4의2. 제23조를 위반하여 제21조에 따른 어선의 검사 또는 제22조제1항에 따른 건조검사(별도건조검사를 포함한다)를 받은 후 해당 어선의 선체·기관·설비 등을 임의로 변경하거나 설치한 자

5. 거짓이나 그 밖의 부정한 방법으로 제24조제1항 또는 제2항에 따른 형식승인, 그 변경승인 또는 검정을 받은 자

6. 거짓이나 그 밖의 부정한 방법으로 제25조제1항에 따른 지정사업장의 지정을 받은 자

7. 제27조제1항제1호에 따른 어선검사증서에 기재된 최대승선인원을 초과하여 어선을 항행 또는 조업에 사용한 자

7의2. 제27조제1항제1호에 따른 어선검사증서에 기재된 만재흘수선의 표시 위치 등을 위반한 어선을 항행 또는 조업에 사용한 자

8. 거짓이나 그 밖의 부정한 방법으로 제27조제1항에 따른 어선검사증서 · 어선특별검사증서 · 임시항행검사증서 · 건조검사증서 · 예비검사증서 · 별도건조검사증서 · 건조확인증 · 제조확인증 · 정비확인증 또는 제한하중등 확인증을 발급받은 자

9. 제31조의2에 따른 등록 또는 변경등록을 하지 아니하고 어선중개업을 한 자

10. 거짓이나 그 밖의 부정한 방법으로 제31조의2에 따른 어선중개업을 등록하거나 변경등록한 자

② 어선 승선원이 제1항의 위반행위를 하면 행위자를 벌할 뿐만 아니라 선장에게도 같은 항의 벌금형을 과(科)한다.

[전문개정 2008. 3. 28.]

[시행일: 2025. 12. 21.] 제44조

제45조 삭제 〈1997. 12. 17.〉

제46조(벌칙) 다음 각 호의 어느 하나에 해당하는 자는 500만원 이하의 벌금에 처한다.

1. 제10조에 따른 처분이나 명령을 이행하지 아니한 자

2. 제22조제1항을 위반하여 건조검사를 받지 아니하고 어선을 건조한 자

[전문개정 2009. 5. 27.]

제47조(벌칙) 제42조를 위반하여 법정대리인의 의무를 이행하지 아니한 자는 100만원 이하의 벌금에 처한다.

[전문개정 2008. 3. 28.]

제48조(양벌규정) ① 법인의 대표자, 대리인, 사용인, 그 밖의 종업원이 그 법인의 업무에 관하여 제43조, 제44조, 제46조 및 제47조의 위반행위를 하면 그 행위자를 벌할 뿐만 아니라 그 법인에도 해당 조문의 벌금형을 과한다. 다만, 법인이 그 위반행위를 방지하기 위하여 해당 업무에 관하여 상당한 주의와 감독을 게을리하지 아니한 때에는 그러하지 아니하다.

② 개인의 대리인, 사용인, 그 밖의 종업원이 그 개인의 업무에 관하여 제43조, 제44조, 제46조 및 제47조의 위반행위를 하면 그 행위자를 벌할 뿐만 아니라 그 개인에게도 해당 조문의 벌금형을 과한다. 다만, 개인이 그 위반행위를 방지하기 위하여 해당 업무에 관하여 상당한 주의와 감독을 게을리하지 아니한 때에는 그러하지 아니하다.

[전문개정 2008. 3. 28.]

제49조(벌칙의 준용) 어선에 대하여 「선박법」 제32조, 제33조제1항(같은 법 제10조를 위반하여 선박국적증서나 가선박국적증서를 갖추어 두지 아니하고 대한민국국기를 게양한 경우로 한정한다), 제34조, 제35조제1항 및 제35조제2항제3호·제4호와 「선박안전법」 제83조제2호(국제협약검사에 관한 부분에 한정한다)·제14호, 제84조제1항제5호·제6호·제11호, 제85조제1호·제2호 및 제5호부터 제8호까지 및 제86조제3호를 준용한다. 이 경우 "한국선박"은 "한국

어선"으로, "선박"은 "어선"으로, "선박원부"는 "어선원부"로, "선박소유자"는 "어선소유자"로, "선박관리인"은 "어선관리인"으로 본다. 〈개정 2009. 5. 27., 2017. 10. 31.〉

[전문개정 2008. 3. 28.]

제50조(벌칙의 적용) 이 법(제37조에 따라 준용되는 「선박법」 및 「선박안전법」을 포함한다. 이하 이 조와 제51조에서 같다)과 이 법에 따른 명령을 위반한 어선소유자에게 적용할 벌칙(제49조에 따라 준용되는 「선박법」 및 「선박안전법」의 벌칙 규정을 포함한다. 이하 이 조와 제51조에서 같다)은 다음 각 호에 해당하는 자에게 적용한다. 〈개정 2009. 5. 27.〉

1. 어선을 공유한 경우로서 어선관리인을 둔 때에는 어선관리인
2. 어선 임차의 경우 어선임차인
3. 선장에게 적용할 벌칙은 선장의 직무를 대행하는 자

[전문개정 2008. 3. 28.]

제51조(벌칙 적용의 예외) 어선의 소유자가 국가, 특별시·광역시·특별자치시·도·특별자치도 또는 시·군·자치구인 경우에는 이 법과 이 법에 따른 명령을 위반한 어선의 소유자에게 적용할 벌칙을 적용하지 아니한다. 〈개정 2013. 4. 5.〉

[전문개정 2008. 3. 28.]

제52조(벌칙 적용에서의 공무원 의제) 제41조제1항 및 제3항에 따라 해양수산부장관의 업무를 대행하거나 어선총톤수측정증명서를 발급하는 공단 또는 선급법인의 임직원은 「형법」 제129조부터 제132조까지의 규정에 따른 벌칙을 적용할 때에는 공무원으로 본다. 〈개정 2013. 3. 23.〉

[전문개정 2008. 3. 28.]

제53조(과태료) ① 다음 각 호의 어느 하나에 해당하는 자에게는 300만원 이하의 과태료를 부과한다. 〈신설 2017. 10. 31., 2020. 2. 18.〉

1. 제4조제2항을 위반하여 만재흘수선을 초과하여 사람, 어획물 또는 화물 등을 승선시키거나 싣고 항행한 자

2. 정당한 사유 없이 제5조제2항을 위반하여 무선설비를 작동하지 아니한 자

3. 정당한 사유 없이 제5조의2제1항 본문을 위반하여 어선위치발신장치를 작동하지 아니한 자

4. 정당한 사유 없이 제5조의2제3항을 위반하여 어선위치발신장치의 고장 또는 분실 신고를 하지 아니하거나 고장 또는 분실 신고 후 어선위치발신장치의 수리 또는 재설치 등의 조치를 하지 아니한 자

② 다음 각 호의 어느 하나에 해당하는 자에게는 100만원 이하의 과태료를 부과한다. 〈개정 2009. 5. 27., 2011. 7. 14., 2016. 12. 27., 2017. 10. 31.〉

1. 제3조의2제4항 또는 제5항을 위반하여 복원성에 관한 자료를 선장에게 제공하지 아니하거나 어선 안에 비치하지 아니한 자

2. 제15조 본문을 위반하여 선박국적증서등을 어선에 갖추어 두지 아니하고 어선을 항행하거나 조업에 사용한 자

3. 제16조제1항을 위반하여 어선의 명칭등을 표시하지 아니하거나 어선번호판을 붙이지 아니한 자

4. 제17조에 따른 변경등록을 신청하지 아니한 자

5. 제19조제1항에 따른 등록의 말소를 신청하지 아니한 자

6. 정당한 사유 없이 제19조제3항에 따른 어선번호판과 선박국적증서등을 반납하지 아니하거나 분실 등의 사유를 신고하지 아니한 자

7. 정당한 사유 없이 제21조제1항에 따른 어선검사를 받지 아니한 자

7의2. 제26조의2제1항을 위반하여 하역설비의 제한하중등의 확인을 받지 아니한 자

7의3. 제26조의2제3항을 위반하여 제한하중등의 사항을 위반하여 하역설비를 사용한 자

8. 제29조를 위반하여 어선검사증서·어선특별검사증서 또는 임시항행검사증서를 어선 안에 갖추지 아니하고 어선을 항행하거나 조업에 사용한 자

9. 제31조의5에 따른 어선중개업의 휴업·폐업·재개 또는 휴업기간 연장 신고를 하지 아니한 자

10. 정당한 사유 없이 제31조의7에 따른 보수 교육을 받지 아니한 자

11. 제31조의9제2항을 위반하여 손해배상책임의 보장에 관한 사항을 설명하지 아니하거나 관계 증서의 사본이나 관계 증서에 관한 전자문서를 발급·제공하지 아니한 자

③ 제1항 및 제2항에 따른 과태료는 대통령령으로 정하는 바에 따라 다음 각 호의 자가 각각 부과·징수한다. 〈개정 2011. 7. 14., 2014. 11. 19., 2016. 12. 27., 2017. 7. 26., 2017. 10. 31.〉

1. 제1항제1호·제2호 및 제2항의 경우: 시장·군수·구청장

2. 제1항제3호·제4호의 경우: 해양경찰청장

④ 삭제 〈2009. 5. 27.〉

⑤ 삭제 〈2009. 5. 27.〉

[전문개정 2008. 3. 28.]

제53조(과태료) ① 다음 각 호의 어느 하나에 해당하는 자에게는 300만원 이하의 과태료를 부과한다. 〈신설 2017. 10. 31., 2020. 2. 18., 2024. 12. 20.〉

1. 제4조제2항을 위반하여 만재흘수선을 초과하여 사람, 어획물 또는 화물 등을 승선시키거나 싣고 항행한 자

2. 정당한 사유 없이 제5조제2항을 위반하여 무선설비를 작동하지 아니한 자

3. 정당한 사유 없이 제5조의2제1항 본문을 위반하여 어선위치발신장치를 작동하지 아니한 자

4. 정당한 사유 없이 제5조의2제3항을 위반하여 어선위치발신장치의 고장 또는 분실 신고를 하지 아니하거나 고장 또는 분실 신고 후 어선위치발신장치의 수리 또는 재설치 등의 조치를 하지 아니한 자

5. 제9조제3항을 위반하여 변경등록을 하지 아니하고 어선건조·개조업을 한 자

② 다음 각 호의 어느 하나에 해당하는 자에게는 100만원 이하의 과태료를 부과한다. 〈개정 2009. 5. 27., 2011. 7. 14., 2016. 12. 27., 2017. 10. 31.〉

1. 제3조의2제4항 또는 제5항을 위반하여 복원성에 관한 자료를 선장에게 제공하지 아니하거나 어선 안에 비치하지 아니한 자

2. 제15조 본문을 위반하여 선박국적증서등을 어선에 갖추어 두지 아니하고 어선을 항행하거나 조업에 사용한 자

3. 제16조제1항을 위반하여 어선의 명칭등을 표시하지 아니하거

나. 어선번호판을 붙이지 아니한 자

4. 제17조에 따른 변경등록을 신청하지 아니한 자

5. 제19조제1항에 따른 등록의 말소를 신청하지 아니한 자

6. 정당한 사유 없이 제19조제3항에 따른 어선번호판과 선박국적증서등을 반납하지 아니하거나 분실 등의 사유를 신고하지 아니한 자

7. 정당한 사유 없이 제21조제1항에 따른 어선검사를 받지 아니한 자

7의2. 제26조의2제1항을 위반하여 하역설비의 제한하중등의 확인을 받지 아니한 자

7의3. 제26조의2제3항을 위반하여 제한하중등의 사항을 위반하여 하역설비를 사용한 자

8. 제29조를 위반하여 어선검사증서 · 어선특별검사증서 또는 임시항행검사증서를 어선 안에 갖추지 아니하고 어선을 항행하거나 조업에 사용한 자

9. 제31조의5에 따른 어선중개업의 휴업 · 폐업 · 재개 또는 휴업기간 연장 신고를 하지 아니한 자

10. 정당한 사유 없이 제31조의7에 따른 보수 교육을 받지 아니한 자

11. 제31조의9제2항을 위반하여 손해배상책임의 보장에 관한 사항을 설명하지 아니하거나 관계 증서의 사본이나 관계 증서에 관한 전자문서를 발급 · 제공하지 아니한 자

③ 제1항 및 제2항에 따른 과태료는 대통령령으로 정하는 바에 따라 다음 각 호의 자가 각각 부과 · 징수한다. 〈개정 2011. 7. 14., 2014. 11. 19., 2016. 12. 27., 2017. 7. 26., 2017. 10. 31.〉

1. 제1항제1호 · 제2호 및 제2항의 경우: 시장 · 군수 · 구청장
2. 제1항제3호 · 제4호의 경우: 해양경찰청장
④ 삭제 〈2009. 5. 27.〉
⑤ 삭제 〈2009. 5. 27.〉
[전문개정 2008. 3. 28.]
[시행일: 2025. 12. 21.] 제53조

부칙 〈제4559호, 1993. 6. 11.〉

제1조 (시행일) 이 법은 공포후 6월이 경과한 날부터 시행한다.

제2조 (어선설비기준에 관한 경과조치) 이 법 시행당시 "어선설비등에관한규칙(農林水産部令 第939號 1985 · 7 · 4 改正)"은 제3조 · 제4조 및 제5조의 규정에 의한 수산청장의 고시일 전일까지 그 효력을 가진다.

제3조 (어선의 등록에 관한 경과조치) ①이 법 시행당시 제2조제1항의 규정에 의하여 새로이 어선에 해당하게 되는 선박(水産業法의 規定에 의하여 許可 · 申告 · 免許漁業에 종사하고 있는 船舶에 한한다)으로서 당해 선박의 소유자가 이 법 시행일부터 1년이내에 시 · 도지사에게 신고한 선박의 경우에는 제13조제1항의 규정에 의하여 등록한 것으로 본다.

②시 · 도지사는 제1항의 규정에 의하여 등록한 것으로 보는 선박에 대하여 등록후 1월이내에 등록필증을 교부하여야 한다.

제4조 (등록의 말소에 관한 경과조치) 이 법 시행당시 수산업을 위한 허가 · 신고 · 면허등의 효력이 상실된 어선은 이 법 시행일부터 1년이 경과하는 날까지 어선등록이 유효한 것으로 본다.

제5조 (건조·개조중인 어선에 대한 경과조치) 이 법 시행당시 수산업에 종사하게 하기 위하여 건조·개조중인 선박으로서 당해 선박의 소유자 또는 당해 선박을 건조·개조하는 자가 이 법 시행후 1월이내에 시·도지사에게 신고한 선박의 경우에는 제9조제2항 및 제43조제2호의 개정규정을 적용하지 아니한다.

제6조 (어선의 총톤수측정에 대한 특례) 1982년 12월 31일이전에 건조되었거나 개조에 착수된 어선의 소유자는 제37조의 규정에 의하여 준용되는 법률 제3641호 선박법개정법률 부칙 제3조제1항의 규정에 불구하고 총톤수의 개측을 신청할 수 있다.

제7조 (다른 법률의 개정) ①사법경찰관사의직무를행할자와그직무범위에관한법률중 다음과 같이 개정한다.

제5조에 제25호를 다음과 같이 신설한다.

25. 어선법 제11조의 규정에 의한 현장확인공무원

제6조에 제20호를 다음과 같이 신설한다.

20. 제5조제25호에 게기한 자에 있어서는 그 소속관서관할구역안에서 발생하는 어선법 제9조의 규정에 위반되는 범죄

②해양오염방지법중 다음과 같이 개정한다.

제27조제4항중 "어선법 제16조"를 "어선법 제21조"로 한다.

제32조제3호중 "어선법 제26조"를 "어선법 제34조"로 한다.

부칙 〈제5131호, 1995. 12. 30.〉 (수산업법)

제1조 (시행일) 이 법은 공포후 1년이 경과한 날부터 시행한다.

제2조 내지 제10조 생략

제11조(다른 법률의 개정) 어선법중 다음과 같이 개정한다.

제2조제1항제1호중 "수산제조업"을 "수산물가공업"으로 한다.
제12조 생략

부칙 〈제5153호, 1996. 8. 8.〉 (정부조직법)
제1조 (시행일) 이 법은 공포후 30일이내에 제41조의 개정규정에 의한 해양수산부와 해양경찰청의 조직에 관한 대통령령의 시행일부터 시행한다.
제2조 생략
제3조 (다른 법률의 개정) ①내지 〈20〉생략
〈21〉어선법중 다음과 같이 개정한다.
제3조 본문 · 제12호, 제4조 본문, 제5조제1항 본문, 제7조, 제8조제1항 본문 · 제3항 내지 제5항, 제9조제1항 · 제3항, 제10조제1항 본문 · 제2항, 제11조제1항 본문, 제14조제1항 · 제2항,제15조 단서, 제21조제1항 본문 · 제4호, 제22조제1항 본문, 동조제2항 · 제4항, 제23조, 제24조제1항 · 제2항, 제25조제1항 내지 제4항, 제26조, 제27조제1항 본문, 동조제2항, 제30조, 제31조제6항, 제32조, 제33조, 제34조제1항, 제37조제1항 · 제2항, 제38조 본문, 제40조제1항 · 제2항, 제41조제1항 본문 · 제2항 본문 · 제3항 내지 제5항, 제46조제3호, 제49조 후단, 제52조 및 제53조제2항 내지 제4항중 "수산청장"을 각각 "해양수산부장관"으로 한다.
제24조제2항중 "해운항만청장"을 "해양수산부장관"으로 한다.
제4조 단서, 제5조제1항 단서 · 제2항, 제8조제1항 · 제4항 · 제5항, 제13조제1항 · 제4항, 제14조제1항,제15조 단서, 제16조제1항 · 제2항, 제17조제1항, 제18조, 제19조제1항 본문, 제20조제1항 · 제

2항, 제21조제1항 본문 · 제3호, 제22조제1항 · 제4항 · 제6항, 제24조제3항, 제25조제1항 · 제5항, 제26조, 제28조제1항 단서 · 제2항 · 제3항, 제30조제1항, 제37조, 제39조 본문 및 제41조제4항중 "농림수산부령"을 각각 "해양수산부령"으로 한다.

〈22〉내지 〈69〉생략

제4조 생략

부칙 〈제5453호, 1997. 12. 13.〉 (행정절차법의시행에따른공인회계사법등의정비에관한법률)

제1조 (시행일) 이 법은 1998년 1월 1일부터 시행한다.〈단서 생략〉

제2조 생략

부칙 〈제5454호, 1997. 12. 13.〉 (정부부처명칭등의변경에따른건축법등의정비에관한법률)

이 법은 1998년 1월 1일부터 시행한다. 〈단서 생략〉

부칙 〈제5470호, 1997. 12. 17.〉 (선박안전법)

제1조 (시행일) 이 법은 공포후 6월이 경과한 날부터 시행한다.〈단서 생략〉

제2조 내지 제5조 생략

제6조 (어선검사등에 관한 경과조치) ①이 법 시행당시 어선법 제21조제1항 · 제22조 · 제24조 및 제25조의 규정에 의하여 행한 어선의 검사, 제조검사, 예비검사, 형식승인, 검정, 우수건조 · 제조 · 정비사업장의 지정, 선박 또는 선박용물건의 확인(이하 이 條에서 "漁船檢

査등"이라 한다)은 이 법에 의하여 행한 것으로 본다.

② 및 ③생략

제7조 (어선설비기준에 관한 경과조치) 이 법 시행당시 어선법 제3조 내지 제5조의 규정에 의한 어선의 설비, 만재흘수선의 표시 및 무선설비에 관한 기준은 이 법에 의한 선박시설등에 관한 해양수산부장관의 고시가 시행될 때까지 그 효력을 가진다.

제8조 생략

제9조 (한국어선협회에 관한 경과조치) ①이 법 시행당시 어선법 제31조의 규정에 의하여 설립된 한국어선협회(이하 "漁船協會"라 한다)는 이 법에 의한 기술원의 설립과 동시에 해산된 것으로 보며, 어선협회에 속하는 재산과 권리·의무는 이 법에 의한 기술원이 포괄승계한다.

②이 법에 의한 기술원이 제1항의 규정에 의하여 포괄승계한 재산 및 물건에 관한 등기부 기타 공부에 표시된 어선협회의 명의는 이 법에 의한 기술원의 설립과 동시에 기술원의 명의로 본다.

③제1항의 경우 이 법에 의한 기술원의 재산으로 보는 재산의 가액은 부칙 제8조제3항의 규정에 의한 설립등기일 전일의 장부가액으로 한다.

④제1항의 경우 이 법 시행전에 어선협회가 행한 행위는 이 법에 의한 기술원이 행한 행위로 보며, 어선협회에 대하여 행한 행위는 이 법에 의한 기술원에 대하여 행한 행위로 본다.

⑤제1항의 경우 이 법 시행당시의 어선협회의 임·직원은 이 법에 의한 기술원의 임·직원으로 선임 또는 임명된 것으로 본다. 이 경우 임원의 임기는 어선협회의 임원으로 선임된 날부터 기산한다.

제10조 생략

제11조 생략

제12조 (다른 법률의 개정) ①어선법중 다음과 같이 개정한다.

제1조중 "어선의 등록·검사 및 조사·연구"를 "어선의 등록 및 조사·연구"로, "어선의 효율적인 관리와 안전성을 확보하고, 어선의 성능향상"을 "어선의 효율적인 관리와 성능향상"으로 한다.

제3조 내지 제6조, 제21조 내지 제31조를 각각 삭제한다.

제34조제2항중 "어선의 등록·검사등"을 "어선의 등록등"으로 한다.

제37조제2항, 제39조제6호 내지 제13호를 각각 삭제한다.

제41조의 제목중 "검사"를 "총톤수측정"으로 하고, 동조제1항 내지 제3항을 각각 다음과 같이 하며, 동조제4항 및 제5항중 "어선협회"를 각각 "기술원"으로 한다.

①해양수산부장관 또는 시·도지사는 선박안전법 제7조의 규정에 의한 한국선박안전기술원(이하"技術院"이라 한다)으로 하여금 다음의 업무를 대행하게 할 수 있다.

1. 제14조의 규정에 의한 어선의 총톤수측정·개측
2. 제20조제1항의 규정에 의한 선박국적증서등의 검인

②시·도지사는 선박안전법 제8조제2항의 규정에 의한 선급법인으로 하여금 제20조제1항의 규정에 의한 선박국적증서등의 검인 업무를 대행하게 할 수 있다.

③기술원은 제1항의 규정에 의하여 대행하는 업무의 범위안에서 해양수산부장관의 승인을 얻어 어선총톤수측정증명서(國際톤數證書·國際톤數確認書 및 載貨重量톤數證書를 포함한다)를 교부할 수 있다.

제44조제1항을 다음과 같이 한다.

①제16조의 규정에 의한 어선명칭등의 표시 또는 어선번호판을 은폐·변경 또는 제거하고 어선을 항행 또는 조업에 사용한 자는 1년이하의 징역 또는 1천만원이하의 벌금에 처한다.

제45조를 삭제한다.

제46조를 다음과 같이 한다.

제46조 (벌칙) 제10조제1항의 규정에 의한 처분 또는 명령을 이행하지 아니한 자는 500만원이하의 벌금에 처한다.

제47조제4호를 삭제한다.

제48조중 "제43조 내지 제47조"를 "제43조·제44조·제46조 및 제47조"로 한다.

제49조를 다음과 같이 한다.

제49조 (벌칙의 준용) 선박법 제32조·제33조제1항(同法 第10條의 規定에 위반하여 船舶國籍證書 또는 假船舶國籍證書를 비치하지 아니하고 大韓民國國旗를 揭揚한 경우에 한한다)·제34조·제35조·제36조제2호(同法 第13條第1項·第4項의 規定에 위반하여 國際톤數證書를 비치·반환 또는 申告하지 아니한 경우에 한한다)의 규정은 어선에 관하여 이를 준용한다. 이 경우 "한국선박"은 "한국어선"으로, "선박"은 "어선"으로, "선박원부"는 "어선원부"로, "선박소유자"는 "어선소유자"로, "선박관리인 은 어선관리인"으로 본다.

제50조중 "선박법 및 선박안전법"을 "선박법"으로 한다.

제51조중 "서울특별시·직할시·도·시·군·구"를 "특별시·광역시·도·시·군·구(自治區를 말한다)"로 한다.

제52조중 "검사증서등을 교부하는 어선협회"를 "어선총톤수측정증

명서를 교부하는 기술원"으로 한다.

제53조제1항제7호 및 제8호를 각각 삭제한다.

②내지 ⑤생략

부칙 〈제5921호, 1999. 2. 8.〉

①(시행일) 이 법은 공포한 날부터 시행한다.

②(방치어선에 관한 경과조치) 이 법 시행당시 종전의 제35조제2항의 규정에 의한 명령을 이행하지 아니한 자가 소유하는 방치된 어선의 관리 또는 제거에 필요한 조치에 관하여는 제35조제3항의 개정규정에 불구하고 종전의 규정에 의한다.

③(벌칙에 관한 경과조치) 이 법 시행전의 행위에 대한 벌칙의 적용에 있어서는 종전의 규정에 의한다.

④(다른 법률의 개정) 사법경찰관리의직무를행할자와그직무범위에관한법률중 다음과 같이 개정한다.

제5조제25호 및 제6조제20호를 각각 삭제한다.

부칙 〈제5971호, 1999. 4. 15.〉 (선박안전법)

제1조 (시행일) 이 법은 공포후 6월이 경과한 날부터 시행한다. 〈단서 생략〉

제2조 및 제3조 생략

제4조 (다른 법률의 개정) 어선법중 다음과 같이 개정한다.

제41조제1항중 "한국선박안전기술원(이하 "技術院"이라 한다)"을 "선박검사기술협회(이하 "檢査協會"라 한다)"로 하고, 동조제3항중 "기술원"을 "검사협회"로 하며, 동조제4항 및 제5항중 "기술원"을

각각 "검사협회"로 한다.

제52조중 "기술원"을 "검사협회"로 한다.

부칙 〈제5972호, 1999. 4. 15.〉 (선박법)

제1조 (시행일) 이 법은 공포후 6월이 경과한 날부터 시행한다. 다만, 제1조의2의 개정규정(同條의 改正規定에 의하여 새로 登錄의 대상이 되는 船舶의 登錄申請 및 이에 따른 船舶國籍證書交付의 경우에 한한다), 제2조제3호, 제26조의2의 개정규정(同條의 改正規定에 의하여 船籍證書交付의 대상이 되는 船舶의 船籍證書交付申請 및 이에 따른 船籍證書交付의 경우에 한한다) 및 부칙 제4조의 개정규정은 공포한 날부터 시행한다.

제2조 및 제3조 생략

제4조 (다른 법률의 개정) ①생략

②어선법중 다음과 같이 개정한다.

제37조제1항 전단중 "제14조·제21조, 제23조 내지 제25조, 제26조"를 "제26조"로 하고, 동항 후단을 다음과 같이 한다.

이 경우 "대한민국선박"은 "대한민국어선"으로, "한국선박"은 "한국어선"으로, "선박"은 "어선"으로, "선박취득지"는 "어선취득지"로, "선박관리인"은 "어선관리인"으로, "선박소유자"는 "어선소유자"로 본다.

제37조제3항 후단을 다음과 같이 한다.

이 경우 "한국선박"은 "한국어선"으로 본다.

제49조중 "제35조·제36조제2호(同法 第13條第1項·第4項의 規定에 위반하여 國際톤數證書를 비치·반환 또는 申告하지 아니한 경우

에 한한다)"를 "제35조제1항 · 제35조제2항제2호 및 제3호"로 한다.

부칙 〈제6609호, 2002. 1. 14.〉

제1조 (시행일) 이 법은 공포후 6월이 경과한 날부터 시행한다.

제2조 (어선 건조 · 개조허가 등에 관한 경과조치) 이 법 시행 당시 종전의 제8조 및 제10조의 규정에 따라 시 · 도지사가 행한 어선 건조 · 개조허가 및 허가취소는 제8조 및 제10조의 개정규정에 의하여 시장 · 군수 · 구청장이 행한 것으로 본다.

제3조 (어선의 등록 등에 관한 경과조치) ①이 법 시행 당시 종전의 제13조의 규정에 따라 시 · 도지사에게 어선의 등록을 한 것은 제13조의 개정규정에 의하여 시장 · 군수 · 구청장에게 한 것으로 본다.

②이 법 시행 당시 종전의 제19조제2항의 규정에 따라 시 · 도지사가 등록말소 신청에 관하여 행한 최고는 제19조제2항의 개정규정에 의하여 시장 · 군수 · 구청장이 행한 것으로 본다.

제4조 (어선번호판 등의 반납 등에 관한 경과조치) 이 법 시행 당시 종전의 제19조제3항의 규정에 따라 어선의 등록이 말소된 어선의 소유자중 어선번호판 및 선박국적증서 등을 시 · 도지사에게 반납하지 아니하거나 반납할 수 없는 자에 대하여는 종전의 규정에 의한다.

부칙 〈제8221호, 2007. 1. 3.〉 (선박안전법)

제1조 (시행일) 이 법은 공포 후 10개월이 경과한 날부터 시행한다. 〈단서 생략〉

제2조 내지 제15조 생략

제16조 (다른 법률의 개정) ①내지 ④생략

⑤어선법 일부를 다음과 같이 개정한다.

제41조제1항중 “선박안전법 제7조의 규정에 의한 선박검사기술협회(이하 "檢査協會"라 한다)”를 “「선박안전법」 제45조의 규정에 따른 선박안전기술공단(이하 "공단"이라 한다)”으로, “동법 제8조제2항”을 “동법 제60조제2항”으로 하고, 동조제3항 내지 제5항중 “검사협회”를 각각 “공단”으로 한다.

⑥내지 ⑧생략

부칙 〈제8852호, 2008. 2. 29.〉 (정부조직법)

제1조 (시행일) 이 법은 공포한 날부터 시행한다. 다만, ···〈생략〉···, 부칙 제6조에 따라 개정되는 법률 중 이 법의 시행 전에 공포되었으나 시행일이 도래하지 아니한 법률을 개정한 부분은 각각 해당 법률의 시행일부터 시행한다.

제2조 부터 제5조까지 생략

제6조 (다른 법률의 개정) ① 부터 〈666〉 까지 생략

〈667〉 어선법 일부를 다음과 같이 개정한다.

제8조제1항 본문 및 제3항 전단, 같은 조 제4항 및 제5항, 제10조제1항 각 호 외의 부분 본문, 제14조제1항 및 제2항, 제32조, 제33조, 제38조 각 호 외의 부분, 제39조제2항 전단, 제40조제1항, 제41조제1항 및 제3항부터 제5항까지, 제52조 중 “해양수산부장관”을 각각 “농림수산식품부장관”으로 한다.

제8조제1항 본문·단서 및 제4항·제5항, 제13조제1항 전단 및 제4항, 제14조제1항, 제15조 단서, 제16조제1항 및 제2항, 제17조제1항, 제18조, 제19조제1항 각 호 외의 부분 및 제41조제4항 중

"해양수산부령"을 각각 "농림수산식품부령"으로 한다.

제39조제1항 본문 중 "해양수산부령"을 "농림수산식품부령"으로 하고, 같은 항 단서 중 "해양수산부장관"을 "농림수산식품부장관"으로 한다.

제40조제1항 중 "지방해양수산청장 또는 시장 · 군수 · 구청장"을 "시장 · 군수 · 구청장"으로 한다.

〈668〉 부터 〈760〉 까지 생략

제7조 생략

부칙 〈제9007호, 2008. 3. 28.〉

제1조(시행일) 이 법은 공포한 날부터 시행한다. 다만, 제13조의2와 제13조의3의 개정규정은 2008년 7월 1일부터 시행한다.

제2조(다른 법률의 개정) ① 선박법 일부를 다음과 같이 개정한다.

제26조제6호 중 "제2조제1항 각 호"를 "제2조제1호 각 목"으로 한다.

② 소형선박저당법 일부를 다음과 같이 개정한다.

제2조제2호 중 "제2조제1항 각 호"를 "제2조제1호 각 목"으로 한다.

③ 어선원및어선재해보상보험법 일부를 다음과 같이 개정한다

제2조제1항제1호 중 "제2조제1항제4호"를 "제2조제1호라목"으로 한다.

부칙 〈제9718호, 2009. 5. 27.〉

제1조(시행일) 이 법은 공포 후 6개월이 경과한 날부터 시행한다.

다만, 제15조 단서의 개정규정은 공포한 날부터 시행한다.
제2조(어선용품의 형식승인 및 검정에 관한 경과조치) 이 법 시행 당시 「선박안전법」 제20조에 따른 우수제조사업장 또는 우수정비사업장으로 지정받은 자가 제조·정비한 어선용품의 확인업무에 관하여는 종전의 규정에 따른다.
제3조(어선검사 등에 관한 경과조치) ① 이 법 시행 당시 「선박안전법」 제7조제1항·제8조제1항·제9조제1항·제10조제1항·제11조제1항·제12조제1항·제18조제1항 및 제20조제1항에 따른 어선을 대상으로 행한 건조검사, 선박검사, 예비검사, 형식승인, 검정, 우수건조·제조·정비사업장의 지정, 선박 또는 선박용 물건의 확인은 이 법에 따라 행한 것으로 본다.
② 이 법 시행 당시 선박검사증서가 발급된 어선의 검사에 관하여는 그 증서의 유효기간이 만료될 때까지 종전의 규정에 따른다.
③ 이 법 시행 당시 신청된 어선에 대한 선박의 검사 등에 관하여는 종전의 규정에 따른다.
제4조(어선설비기준에 관한 경과조치) 이 법 시행 당시 「선박안전법」 제26조·제27조 및 제29조에 따른 어선에 대한 선박시설, 만재흘수선의 표시 및 무선설비에 관한 기준은 이 법에 따른 어선설비기준 등에 관한 농림수산식품부장관의 고시가 시행될 때까지 그 효력을 가진다.
제5조(선급법인에 관한 경과조치) 이 법 시행 당시 「선박안전법」 제60조제2항에 따라 지정받은 선급법인은 이 법에 따라 지정받은 것으로 본다.
제6조(벌칙 및 과태료에 관한 경과조치) 이 법 시행 전의 행위에 대

한 벌칙 및 과태료의 적용에 있어서는 종전의 규정에 따른다.

부칙 〈제10219호, 2010. 3. 31.〉 (지방세기본법)

제1조(시행일) 이 법은 2011년 1월 1일부터 시행한다.

제2조 부터 제10조까지 생략

제11조(다른 법률의 개정) ① 부터 ㉙ 까지 생략

㉚ 어선법 일부를 다음과 같이 개정한다.

제13조의3 중 "「지방세법」"을 "「지방세기본법」"으로 한다.

㉛ 부터 〈61〉 까지 생략

제12조 생략

부칙 〈제10847호, 2011. 7. 14.〉

이 법은 공포 후 1년이 경과한 날부터 시행한다.

부칙 〈제11690호, 2013. 3. 23.〉 (정부조직법)

제1조(시행일) ① 이 법은 공포한 날부터 시행한다.

② 생략

제2조 부터 제5조까지 생략

제6조(다른 법률의 개정) ①부터 〈314〉까지 생략

〈315〉 어선법 일부를 다음과 같이 개정한다.

제3조 각 호 외의 부분, 제4조 본문, 제5조제1항 본문, 제5조의2 제1항 본문, 제8조제1항 전단, 같은 조 제3항 전단, 같은 조 제4항 · 제5항, 제10조 각 호 외의 부분 본문, 제14조제1항 · 제2항, 제21조제1항 각 호 외의 부분 본문, 같은 항 제4호, 제22조제1항 본문,

같은 조 제3항, 같은 조 제6항 전단, 제24조제1항 전단, 같은 조 제2항 전단, 같은 조 제3항, 제25조제1항 · 제2항, 제27조제1항 각 호 외의 부분, 같은 조 제2항, 제30조제1항 · 제2항, 제32조, 제33조, 제38조 각 호 외의 부분, 제39조제1항 단서, 같은 조 제2항 전단, 제40조, 제41조제1항 각 호 외의 부분 본문, 같은 조 제3항부터 제7항까지, 제41조의2 및 제52조 중 "농림수산식품부장관"을 각각 "해양수산부장관"으로 한다.

제3조제12호, 제4조 단서, 제5조제1항 단서, 같은 조 제2항, 제5조의2제1항 본문, 제8조제1항 전단, 같은 조 제4항 · 제5항, 제13조제1항 전단, 같은 조 제4항, 제14조제1항, 제15조 단서, 제16조제1항 · 제2항, 제17조, 제18조, 제19조제1항 각 호 외의 부분, 제21조제1항 각 호 외의 부분 본문 · 단서, 같은 항 제3호, 제22조제1항 단서, 같은 조 제3항 · 제5항, 같은 조 제6항 전단, 제24조제4항, 제25조제1항, 같은 조 제3항부터 제5항까지, 제28조제2항, 같은 조 제3항 각 호 외의 부분, 같은 항 제3호, 제29조 단서, 제30조제1항, 제39조제1항 본문 및 제41조제4항 중 "농림수산식품부령"을 각각 "해양수산부령"으로 한다.

제24조제3항 중 "국토해양부장관"을 "해양수산부장관"으로 한다.

제37조제2항 후단 중 "이 경우 "국토해양부장관"은 "농림수산식품부장관"으로, "국토해양부령"은 "농림수산식품부령"으로,"를 "이 경우"로 한다.

〈316〉부터 〈710〉까지 생략

제7조 생략

부칙 〈제11754호, 2013. 4. 5.〉

제1조(시행일) 이 법은 공포 후 6개월이 경과한 날부터 시행한다.

제2조(임시검사 생략에 관한 적용례) 제25조제4항의 개정규정에 따른 확인된 부분에 대한 임시검사의 생략은 이 법 시행 후 임시검사를 하는 경우부터 적용한다.

부칙 〈제12482호, 2014. 3. 18.〉

제1조(시행일) 이 법은 공포한 날부터 시행한다.

제2조(금치산자 등에 대한 경과조치) 제42조의 개정규정에 따른 피성년후견인에는 법률 제10429호 민법 일부개정법률 부칙 제2조에 따라 금치산 또는 한정치산 선고의 효력이 유지되는 사람을 포함하는 것으로 본다.

부칙 〈제12537호, 2014. 3. 24.〉 (선박법)

제1조(시행일) 이 법은 공포 후 6개월이 경과한 날부터 시행한다.

제2조 생략

제3조(다른 법률의 개정) 어선법 일부를 다음과 같이 개정한다.

제37조제1항 전단 중 "제9조제2항 · 제3항"을 "제9조제2항 · 제3항(대한민국 영사에게 임시선박국적증서의 발급을 신청하는 경우로 한정한다)"으로 한다.

부칙 〈제12844호, 2014. 11. 19.〉 (정부조직법)

제1조(시행일) 이 법은 공포한 날부터 시행한다. 다만, 부칙 제6조에 따라 개정되는 법률 중 이 법 시행 전에 공포되었으나 시행일이

도래하지 아니한 법률을 개정한 부분은 각각 해당 법률의 시행일부터 시행한다.
제2조 부터 제5조까지 생략
제6조(다른 법률의 개정) ①부터 〈233〉까지 생략
〈234〉 어선법 일부를 다음과 같이 개정한다.
제5조의2제1항 단서, 같은 조 제3항 · 제5항 및 제53조제2항제1호 중 "해양경찰청장"을 각각 "국민안전처장관"으로 한다.
〈235〉부터 〈258〉까지 생략
제7조 생략

부칙 〈제14476호, 2016. 12. 27.〉 (지방세징수법)
제1조(시행일) 이 법은 공포 후 3개월이 경과한 날부터 시행한다. 〈단서 생략〉
제2조 및 제3조 생략
제4조(다른 법률의 개정) ①부터 ㉜까지 생략
㉝ 어선법 일부를 다음과 같이 개정한다.
제13조의3 중 "「지방세기본법」"을 "「지방세징수법」"으로 한다.
㉞부터 〈65〉까지 생략
제5조 생략

부칙 〈제14510호, 2016. 12. 27.〉
제1조(시행일) 이 법은 공포 후 6개월이 경과한 날부터 시행한다.
제2조(어선중개업 등록에 관한 경과조치) 제31조의2의 개정규정에도 불구하고 이 법 시행 당시 어선중개업을 영위하고 있는 자는 이 법

시행 이후 3개월까지는 같은 개정규정에 따른 등록을 하지 아니하고 어선중개업을 영위할 수 있다.

제3조(금치산자 등에 대한 경과조치) 제31조의3제2호의 개정규정에 따른 피성년후견인 또는 피한정후견인은 법률 제10429호 민법 일부개정법률 부칙 제2조에 따라 금치산 또는 한정치산 선고의 효력이 유지되는 자를 포함하는 것으로 본다.

부칙 〈제14839호, 2017. 7. 26.〉 (정부조직법)

제1조(시행일) ① 이 법은 공포한 날부터 시행한다. 다만, 부칙 제5조에 따라 개정되는 법률 중 이 법 시행 전에 공포되었으나 시행일이 도래하지 아니한 법률을 개정한 부분은 각각 해당 법률의 시행일부터 시행한다.

제2조 부터 제4조까지 생략

제5조(다른 법률의 개정) ①부터 〈244〉까지 생략

〈245〉 어선법 일부를 다음과 같이 개정한다.

제5조의2제1항 단서, 같은 조 제3항 · 제5항, 제40조제1항 및 제53조제2항제1호 중 "국민안전처장관"을 각각 "해양경찰청장"으로 한다.

〈246〉부터 〈382〉까지 생략

제6조 생략

부칙 〈제15008호, 2017. 10. 31.〉

제1조(시행일) 이 법은 공포 후 6개월이 경과한 날부터 시행한다.

제2조(복원성에 관한 자료의 비치 등에 관한 적용례) 제3조의2제4

항 및 제5항의 개정규정은 이 법 시행 후 출항하는 어선부터 적용한다.

제3조(어선의 등록 말소에 관한 적용례) 이 법 시행 당시 어선의 소유자에 대한 제19조제2항제4호의 개정규정에 따른 1년의 기간은 이 법 시행일부터 기산한다.

제4조(형식승인의 취소 등에 관한 적용례) 제24조의2제1항제4호 및 제5호의 개정규정은 제24조제1항에 따라 형식승인을 받은 자가 이 법 시행 후 제24조의2제1항제4호 또는 제5호의 개정규정에 해당하게 되는 경우부터 적용한다. 이 경우 제24조의2제1항제4호의 개정규정에 따른 2년 이상의 기간은 이 법 시행 후 어선용품 또는 소형어선을 제조하거나 수입하지 아니한 날부터 기산한다.

제5조(지정사업장의 지정 취소 등에 관한 적용례) 제26조제1항제4호부터 제7호까지의 개정규정은 제25조제1항의 개정규정에 따라 지정사업장으로 지정을 받은 자가 이 법 시행 후 제26조제1항제4호부터 제7호까지의 개정규정 중 어느 하나에 해당하게 되는 경우부터 적용한다. 이 경우 제26조제1항제5호의 개정규정에 따른 1년 이상의 기간은 이 법 시행 후 어선, 어선의 설비 또는 어선용품을 건조·제조하거나 정비하지 아니한 날부터 기산한다.

제6조(우수건조사업장 등에 관한 경과조치) 이 법 시행 당시 종전의 제25조제1항에 따라 지정된 우수건조사업장·우수제조사업장 또는 우수정비사업장은 각각 제25조제1항의 개정규정에 따라 지정된 지정건조사업장·지정제조사업장 또는 지정정비사업장으로 본다.

제7조(벌칙에 관한 경과조치) 이 법 시행 전의 행위에 대한 벌칙의 적용에 있어서는 종전의 규정에 따른다.

제8조(다른 법률의 개정) 낚시 관리 및 육성법 일부를 다음과 같이 개정한다.

제29조제2항제1호를 삭제한다.

부칙 〈제16157호, 2018. 12. 31.〉

이 법은 공포 후 3개월이 경과한 날부터 시행한다.

부칙 〈제16160호, 2018. 12. 31.〉 (한국해양교통안전공단법)

제1조(시행일) 이 법은 공포 후 6개월이 경과한 날부터 시행한다.

제2조 부터 제7조까지 생략

제8조(다른 법률의 개정) ①부터 ⑥까지 생략

⑦ 어선법 일부를 다음과 같이 개정한다.

제40조제2항 중 "「선박안전법」 제45조에 따라 설립된 선박안전기술공단"을 "「한국해양교통안전공단법」에 따라 설립된 한국해양교통안전공단"으로 한다.

⑧부터 ⑩까지 생략

제9조 생략

부칙 〈제16568호, 2019. 8. 27.〉 (양식산업발전법)

제1조(시행일) 이 법은 공포 후 1년이 경과한 날부터 시행한다.

제2조 부터 제14조까지 생략

제15조(다른 법률의 개정) ①부터 ㊲까지 생략

㊳ 어선법 일부를 다음과 같이 개정한다.

제2조제1호가목 중 “어업”을 “어업(「양식산업발전법」에 따른 양식업을 포함한다. 이하 같다)”으로 한다.

제8조제2항제1호 중 “「수산업법」”을 “「수산업법」 또는 「양식산업발전법」”으로 하고, 같은 항 제2호 및 제3호 중 “「수산업법」”을 각각 “「수산업법」, 「양식산업발전법」”으로 한다.

제15조 단서 및 제29조 단서 중 “「내수면어업법」 제6조, 제9조 또는 제11조에 따라 면허어업·허가어업 또는 신고어업에”를 각각 “「내수면어업법」 제6조, 제9조, 제11조, 「양식산업발전법」 제10조제1항제6호, 제43조제1항제1호 또는 제2호에 따라 면허어업·허가어업·신고어업 또는 양식업에”로 한다.

㊴부터 〈61〉까지 생략

제16조 생략

부칙 〈제17042호, 2020. 2. 18.〉

이 법은 공포한 날부터 시행한다.

부칙 〈제18755호, 2022. 1. 11.〉 (수산업법)

제1조(시행일) 이 법은 공포 후 1년이 경과한 날부터 시행한다. 〈단서 생략〉

제2조 부터 제38조까지 생략

제39조(다른 법령의 개정) ①부터 ⑮까지 생략

⑯ 어선법 일부를 다음과 같이 개정한다.

제31조제3항제3호 중 “「수산업법」 제8조”를 “「수산업법」 제7조”로, “같은 법 제41조 및 제42조”를 “같은 법 제40조 및 제43조”로,

"같은 법 제47조"를 "같은 법 제48조"로 한다.

제37조의2제1항 후단 중 "「수산업법」 제72조"를 "「수산업법」 제69조"로 한다.

⑰부터 ㉟까지 생략

제40조 생략

어선법 시행령

[시행 2023. 12. 12.] [대통령령 제33913호, 2023. 12. 12., 타법개정]

**개정 예정 법률 밑줄 별도 표시.

어선법 시행령

[시행 2023. 12. 12.] [대통령령 제33913호, 2023. 12. 12., 타법개정]

제1조(목적) 이 영은 「어선법」에서 위임된 사항과 그 시행에 필요한 사항을 규정함을 목적으로 한다. 〈개정 2008. 6. 25.〉

제1조의2(어선위치발신장치의 수리 등) 「어선법」(이하 "법"이라 한다) 제5조의2제3항에서 "대통령령으로 정하는 기한"이란 15일을 말한다. 다만, 천재지변, 기상악화 등의 부득이한 사유가 있는 경우에는 한번만 15일의 범위에서 연기할 수 있다.

[본조신설 2018. 4. 24.]

제2조(소형어선에 대한 압류등록) 특별자치시장·특별자치도지사·시장·군수·구청장(구청장은 자치구의 구청장을 말하며, 이하 "시장·군수·구청장"이라 한다)은 법 제13조의3에 따라 소형어선에 대한 압류등록을 촉탁받은 경우에는 해당 어선원부에 채권자, 채권액, 촉탁기관 및 촉탁일 등을 적는 방법으로 압류등록을 하고, 그 사실을 지체 없이 선박소유자에게 알려야 한다. 〈개정 2017. 3. 27., 2017. 6. 27., 2018. 4. 24.〉

[본조신설 2008. 6. 25.]

제3조 삭제 〈1999. 4. 7.〉

제4조(직권등록말소의 예외) 법 제19조제2항제3호 단서에 따라 수

산업의 허가·신고·면허등의 효력이 상실된 후 1년이 경과되기 전이라도 시장·군수·구청장이 직권으로 해당 어선의 등록을 말소할 수 있는 경우는 「수산업법」·「양식산업발전법」·「원양산업발전법」 및 「내수면어업법」에 따른 명령에 위반한 경우로 한다. 〈개정 1999. 4. 7., 2002. 6. 3., 2008. 6. 25., 2017. 3. 27., 2017. 6. 27., 2020. 8. 26.〉

제4조의2(형식승인시험기관의 지정기준) ① 법 제24조의3제1항에 따른 형식승인시험기관의 지정기준은 다음 각 호와 같다.

1. 형식승인 대상이 되는 법 제3조 각 호의 설비에 필요한 어선용물건(이하 "어선용품"이라 한다) 또는 소형어선에 대한 법 제24조제1항 후단 및 제2항 후단에 따른 형식승인시험(이하 "형식승인시험"이라 한다)의 업무를 수행할 수 있는 전담 부서가 있을 것

2. 형식승인시험 대상 어선용품 또는 소형어선을 직접 제조, 수입 또는 판매하거나 제조자에게 해당 제품(제품의 일부를 포함한다)을 납품하는 자가 아닐 것

3. 형식승인시험에 필요한 시설과 장비(「국가표준기본법」 또는 「계량에 관한 법률」에 따라 교정·검정을 받은 기기를 포함한다. 이하 이 조에서 같다) 및 인력을 갖추고 있을 것

4. 형식승인시험의 특정 시험항목에 대하여 국제적으로 인정받으려는 경우 「국가표준기본법」 제23조에 따라 인정받은 시험·검사기관에 해당할 것

② 제1항제3호에도 불구하고 형식승인시험기관으로 지정받으려는 기관 또는 형식승인시험기관이 다음 각 호의 어느 하나에 해당하는 경우에는 해양수산부령으로 정하는 바에 따라 제1항제3호의 기준을

갖춘 것으로 본다.

1. 형식승인시험에 필요한 시설 또는 장비의 일부를 임차하는 경우

2. 형식승인시험의 시험항목 일부를 해당 시험에 필요한 시설·장비 및 인력을 갖춘 다른 시험기관에 의뢰하는 경우

[본조신설 2018. 4. 24.]

제5조(어선중개업의 등록요건) 법 제31조의2제3호에서 "대통령령으로 정하는 요건"이란 「건축법」 제38조제1항에 따른 건축물대장(「건축법」 제20조제5항에 따른 가설건축물대장은 제외하며, 이하 "건축물대장"이라 한다)에 기재된 건물(준공검사, 준공인가, 사용승인, 사용검사 등을 받은 건물로서 건축물대장에 기재되기 전의 건물을 포함한다)에 중개사무소를 확보(소유·전세·임대차 또는 사용대차 등의 방법에 의하여 사용권을 확보하여야 한다)하는 것을 말한다.

[본조신설 2017. 6. 27.]

제6조(과징금의 부과기준) 법 제31조의6제1항에 따라 과징금을 부과하는 경우 위반행위의 종류 및 위반 정도 등에 따른 과징금의 금액은 별표 1과 같다.

[본조신설 2017. 6. 27.]

제7조(과징금의 부과 및 납부 등 절차) ① 해양수산부장관은 법 제31조의6제1항에 따라 과징금을 부과하는 경우 그 위반행위의 종류와 과징금의 금액을 문서로 자세히 밝혀 과징금을 낼 것을 과징금 부과 대상자에게 통지하여야 한다.

② 제1항에 따른 통지를 받은 자는 그 통지를 받은 날부터 20일 이내에 해양수산부장관이 지정하는 수납기관에 과징금을 한꺼번에 내야 한다. 〈개정 2023. 12. 12.〉

③ 제2항에 따른 과징금을 받은 수납기관은 과징금을 낸 자에게 영수증을 발급하고, 과징금을 받은 사실을 지체 없이 해양수산부장관에게 통보하여야 한다.

④ 해양수산부장관은 제2항에 따라 과징금의 납부를 통지받은 자가 납부기한까지 과징금을 내지 아니하면 그 기한이 지난 날부터 7일 이내에 독촉장을 발급하여야 한다. 이 경우 납부기한은 독촉장 발급일부터 10일 이내로 하여야 한다.

[본조신설 2017. 6. 27.]

제8조(거래계약서의 작성) 법 제31조의2에 따라 어선중개업의 등록을 한 자(이하 "어선중개업자"라 한다)는 법 제31조의8제1항에 따라 거래계약서에 다음 각 호의 사항을 적어야 한다.

1. 거래당사자의 성명 등 인적 사항

2. 거래대상물[어선 및 법 제3조에 따른 어선의 설비(법 제5조에 따른 무선설비를 포함한다. 이하 "어선설비등"이라 한다)를 말한다. 이하 이 조에서 같다]의 표시

3. 계약일

4. 거래금액 · 계약금액 및 그 지급일자 등 지급에 관한 사항

5. 거래대상물의 인도일시

6. 권리이전의 내용

7. 계약의 조건이나 기한이 있는 경우에는 그 조건 또는 기한

8. 중개수수료 · 경비 등에 관한 사항

9. 해약 또는 해지할 경우 중개수수료 · 경비 등의 반환에 관한 사항

10. 손해배상책임에 관한 사항

11. 어선중개업자가 거래대상물에 대하여 확인한 사항

12. 그 밖의 약정내용

[본조신설 2017. 6. 27.]

제9조(보증보험의 가입금액) 법 제31조의9제1항에 따라 어선중개업자는 다음 각 호에 해당하는 금액을 보장하는 보증보험에 가입하여야 한다.

1. 어선중개업자가 법인인 경우: 2억원 이상. 다만, 분사무소를 두는 경우에는 분사무소마다 1억원 이상을 추가한 금액으로 한다.

2. 어선중개업자가 법인이 아닌 경우: 1억원 이상

[본조신설 2017. 6. 27.]

제10조(보증보험금의 지급 청구) 어선 및 어선설비등의 거래와 관련하여 재산상의 손해를 입은 거래당사자가 손해배상금으로 보증보험금을 지급받으려는 경우에는 다음 각 호의 어느 하나에 해당하는 서류를 첨부하여 해당 보증보험회사에 보증보험금의 지급을 청구하여야 한다.

1. 거래당사자와 어선중개업자 간의 손해배상합의서 또는 화해조서

2. 확정된 법원의 판결문 사본

3. 제1호 또는 제2호에 준하는 효력이 있는 서류

[본조신설 2017. 6. 27.]

제11조 삭제 〈1999. 4. 7.〉

제12조 삭제 〈1999. 4. 7.〉

제13조 삭제 〈1999. 4. 7.〉

제14조 삭제 〈1999. 4. 7.〉

제15조 삭제 〈1999. 4. 7.〉

제16조(권한 등의 위임 및 위탁) ① 해양수산부장관은 법 제40조제

1항에 따라 다음 각 호의 권한을 어업관리단장에게 위임한다. 〈개정 2020. 11. 17.〉

1. 법 제31조의2에 따른 어선중개업의 등록·변경등록(법 제31조의9에 따른 보증보험 가입에 관한 확인을 포함한다)

2. 법 제31조의4에 따른 어선중개업 등록취소 또는 영업정지

3. 법 제31조의5에 따른 어선중개업 휴업·폐업 등의 신고 접수

4. 법 제31조의6에 따른 과징금 부과·징수

4의2. 법 제37조제2항에 따라 준용되는 「선박안전법」 제74조제1항에 따른 신고의 접수, 같은 조 제2항에 따른 사실 확인 및 같은 조 제3항에 따른 출항정지 명령

5. 법 제38조제3호에 따른 청문

6. 삭제 〈2018. 4. 24.〉

② 해양경찰청장은 법 제40조제1항에 따라 다음 각 호의 권한을 해양경찰서장에게 위임한다. 〈개정 2017. 7. 26., 2018. 4. 24.〉

1. 법 제5조의2제3항에 따른 어선위치발신장치가 고장나거나 이를 분실한 경우의 신고 접수

2. 법 제53조제1항제3호·제4호에 따른 과태료 부과·징수

③ 해양수산부장관은 법 제40조제2항에 따라 다음 각 호의 업무를 「한국해양교통안전공단법」에 따라 설립된 한국해양교통안전공단(이하 "공단"이라 한다)에 위탁한다. 〈개정 2018. 4. 24., 2019. 6. 11.〉

1. 법 제31조제1항·제2항에 따른 어선거래시스템의 관리·운영

2. 법 제31조제3항에 따른 데이터베이스의 관리

3. 법 제31조제5항에 따른 어선 및 어선설비등의 거래에 관한 정

보 요청

4. 법 제31조제6항에 따른 자료의 제공 요청(같은 조 제3항에 따른 데이터베이스의 운영을 위하여 필요한 자료의 제공 요청에 한정한다)

④ 어업관리단장 및 공단은 제1항 또는 제3항에 따라 위임받거나 위탁받은 업무를 처리했을 때에는 그 내용을 반기별로 종합하여 해양수산부장관에게 보고해야 한다. 〈신설 2020. 11. 17.〉

[본조신설 2017. 6. 27.]

제16조의2(대행업무의 정지) 해양수산부장관은 법 제41조제8항에 따라 공단 또는 「선박안전법」 제60조제2항에 따른 선급법인이 법 제41조제1항에 따른 대행업무를 거짓 또는 부정한 방법으로 수행한 경우에는 별표 1의2에 따라 해당 업무의 대행을 6개월의 범위에서 정지할 수 있다.

[본조신설 2018. 4. 24.]

제17조(고유식별정보의 처리) ① 해양수산부장관(제16조에 따라 해양수산부장관의 권한을 위임·위탁받은 자를 포함한다)은 다음 각 호의 사무를 수행하기 위하여 불가피한 경우 「개인정보 보호법 시행령」 제19조제1호에 따른 주민등록번호가 포함된 자료를 처리할 수 있다.

1. 법 제31조에 따른 어선거래시스템 및 데이터베이스의 구축·운영에 관한 사무

2. 법 제31조의2에 따른 어선중개업의 등록·변경등록(법 제31조의9에 따른 보증보험 가입에 관한 확인을 포함한다)에 관한 사무

3. 법 제31조의3에 따른 결격사유 확인에 관한 사무

4. 법 제31조의4에 따른 어선중개업 등록취소 또는 영업정지에 관한 사무

5. 법 제31조의5에 따른 어선중개업 휴업·폐업 등의 신고 접수에 관한 사무

6. 법 제31조의6에 따른 과징금 부과·징수에 관한 사무

7. 법 제38조제3호에 따른 청문에 관한 사무

② 시장·군수·구청장(해당 권한이 위임·위탁된 경우에는 그 권한을 위임·위탁받은 자를 포함한다)은 다음 각 호의 사무를 수행하기 위하여 불가피한 경우 「개인정보 보호법 시행령」 제19조제1호에 따른 주민등록번호가 포함된 자료를 처리할 수 있다.

1. 법 제13조에 따른 어선의 등록에 관한 사무

2. 법 제17조에 따른 어선의 변경등록에 관한 사무

3. 법 제19조제2항에 따른 어선등록의 말소에 관한 사무

4. 법 제38조제2호에 따른 청문에 관한 사무

[전문개정 2017. 6. 27.]

제18조(규제의 재검토) 해양수산부장관은 제19조 및 별표 2에 따른 과태료의 부과기준에 대하여 2017년 1월 1일을 기준으로 2년마다(매 2년이 되는 해의 1월 1일 전까지를 말한다) 그 타당성을 검토하여 개선 등의 조치를 하여야 한다. 〈개정 2017. 6. 27.〉

[본조신설 2014. 12. 9.]

제19조(과태료의 부과기준) 법 제53조에 따른 과태료의 부과기준은 별표 2와 같다. 〈개정 2017. 6. 27.〉

[전문개정 2008. 6. 25.]

부칙 〈제14090호, 1993. 12. 31.〉

제1조 (시행일) 이 영은 공포한 날부터 시행한다.

제2조 (임차어선의 등록에 관한 특례) 이 영 시행당시 법 제34조제2항 및 이 영 제11조의 규정에 의하여 등록대상이 되는 어선에 대하여 이 영 시행후 6월이내에 시·도지사에게 신고한 경우에는 법 제13조제1항의 규정에 의하여 등록한 것으로 본다.

제3조 (다른 법령의 개정) ①선박직원법시행령중 다음과 같이 개정한다.

[별표3]의 3. 통신부의 승무기준중 어선(무선전신시설을 설비한 선박에 한한다)란을 다음과 같이 한다.

어선(무선전신시설을 설비한 선박에 한한다)	총톤수 500톤미만의 선박	통신장	3급통신사
	총톤수 500톤이상 2만톤미만의 선박	통신장	2급통신사
	총톤수 2만톤이상의 선박	통신장	1급통신사(외국선박은 2급통신사)

②전파법시행령중 다음과 같이 개정한다.

제59조의2중 "선박안전법 제4조제1항"을 "어선법제5조제1항 및 선박안전법 제4조제1항"으로 한다.

[별표5]의 제3종국의 대상선박란중 "제2종 또는 제3종의 종업제한을 가진 어선"을 "어선"으로 한다.

[별표6]의 어선의 항행구역란중 "제2종 또는 제3종 종업제한이 있는 어선"을 삭제한다.

대통령령 제13673호, 전파법시행령중개정령 부칙 제4조의 표중 어선의 항행구역란중 "제2종 또는 제3종 종업제한을 가진 어선"을 삭제한다.

부칙 〈제15135호, 1996. 8. 8.〉 (해양수산부와그소속기관직제)

제1조 (시행일) 이 영은 공포한 날부터 시행한다.

제2조 내지 제6조 생략

제7조 (다른 법령의 개정) ①내지 ㊺생략

㊻어선법시행령중 다음과 같이 개정한다.

제3조제2항 및 제14조중 "농림수산부령"을 각각 "해양수산부령"으로 한다.

제3조제1항제1호, 제6조제2항, 제9조, 제10조제2항, 제13조제3호, 제14조, 제18조 및 제19조제1항중 "수산청장"을 각각 "해양수산부장관"으로 한다.

㊼내지 〈116〉생략

제8조 생략

부칙 〈제15447호, 1997. 7. 29.〉

①(시행일) 이 영은 공포한 날부터 시행한다.

②(과태료처분에 관한 경과조치) 이 영 시행전의 위반행위에 대한 과태료처분에 관하여는 종전의 규정에 의한다.

부칙 〈제15598호, 1997. 12. 31.〉 (행정절차법의시행에따른 관세법시행령등의개정령)

이 영은 1998년 1월 1일부터 시행한다.

부칙 〈제15830호, 1998. 7. 1.〉 (선박안전법시행령)

제1조 (시행일) 이 영은 공포한 날부터 시행한다. 〈단서 생략〉

제2조 (다른 법령의 개정) ①내지 ⑦생략

⑧어선법시행령중 다음과 같이 개정한다.

제5조 내지 제10조를 각각 삭제한다.

제11조를 다음과 같이 한다.

제11조 (임차어선에 대한 법적용) 법 제34조제2항의 규정에 의하여 임차한 어선에 대하여 법을 적용할 사항은 법 제11조, 법 제13조(등록부분에 한한다), 법 제14조, 법 제15조, 법 제18조 내지 제20조, 법 제35조, 법 제37조제1항 · 제3항, 법 제38조제2호, 법 제39조제2호 내지 제5호, 법 제42조, 법 제47조제5호 · 제6호, 법 제48조 내지 제50조, 법 제53조제1항제1호 · 제2호 · 제4호 및 제6호, 법 제53조제2항 내지 제5항에서 규정한 사항으로 한다.

제18조제5호중 "법 제53조제1항제1호 · 제7호 및 제8호"를 "법 제53조제1항제1호"로 한다.

별표의 제7호 및 제8호를 각각 삭제하고, 동표의 비고중 "제7호"를 "제6호"로 한다.

⑨내지 ⑪생략

부칙 〈제16226호, 1999. 4. 7.〉

이 영은 공포한 날부터 시행한다.

부칙 〈제17623호, 2002. 6. 3.〉

①(시행일) 이 영은 2002년 7월 15일부터 시행한다.

②(권한변경에 관한 경과조치) 제4조, 제18조 및 제19조의 개정으로 인하여 권한의 소관이 변경된 경우 이 영 시행전에 종전의 규정에 의한 어선의 직권등록말소 등 권한을 가진 자의 행위는 이 영의 개정규정에 의한 권한을 가진 자의 행위로 본다.

부칙 〈제18312호, 2004. 3. 17.〉 (전자적민원처리를위한가석방자관리규정등중개정령)

이 영은 공포한 날부터 시행한다.

부칙 〈제20677호, 2008. 2. 29.〉 (농림수산식품부와 그 소속기관 직제)

제1조(시행일) 이 영은 공포한 날부터 시행한다.

제2조 부터 제6조까지 생략

제7조(다른 법령의 개정) ① 부터 ㊳ 까지 생략

㊴ 어선법시행령 일부를 다음과 같이 개정한다.

제18조 중 "해양수산부장관"을 "농림수산식품부장관"으로 한다.

㊵ 부터 〈59〉 까지 생략

부칙 〈제20867호, 2008. 6. 25.〉

이 영은 공포한 날부터 시행한다. 다만, 제2조의 개정규정은 2008년 7월 1일부터 시행한다.

부칙 <제21803호, 2009. 11. 2.>

이 영은 2009년 11월 28일부터 시행한다.

부칙 <제23649호, 2012. 3. 2.>

이 영은 2012년 7월 15일부터 시행한다.

부칙 <제24455호, 2013. 3. 23.> (농림축산식품부와 그 소속기관 직제)

제1조(시행일) 이 영은 공포한 날부터 시행한다. <단서 생략>

제2조 부터 제5조까지 생략

제6조(다른 법령의 개정) ①부터 <51>까지 생략

<52> 어선법 시행령 일부를 다음과 같이 개정한다.

제18조 중 "농림수산식품부장관"을 "해양수산부장관"으로 한다.

<53>부터 <76>까지 생략

부칙 <제24777호, 2013. 9. 26.>

이 영은 공포한 날부터 시행한다.

부칙 <제25840호, 2014. 12. 9.> (규제 재검토기한 설정 등 규제정비를 위한 건축법 시행령 등 일부개정령)

제1조(시행일) 이 영은 2015년 1월 1일부터 시행한다.

제2조 부터 제16조까지 생략

부칙 〈제27960호, 2017. 3. 27.〉 (주민등록번호 등의 처리 제한을 위한 세무사법 시행령 등 일부개정령)

이 영은 2017년 3월 30일부터 시행한다. 〈단서 생략〉

부칙 〈제28167호, 2017. 6. 27.〉

이 영은 2017년 6월 28일부터 시행한다.

부칙 〈제28211호, 2017. 7. 26.〉 (행정안전부와 그 소속기관 직제)

제1조(시행일) 이 영은 공포한 날부터 시행한다. 다만, 부칙 제8조에 따라 개정되는 대통령령 중 이 영 시행 전에 공포되었으나 시행일이 도래하지 아니한 대통령령을 개정한 부분은 각각 해당 대통령령의 시행일부터 시행한다.

제2조 부터 제7조까지 생략

제8조(다른 법령의 개정) ①부터 〈319〉까지 생략

〈320〉 어선법 시행령 일부를 다음과 같이 개정한다.

제16조제2항 각 호 외의 부분 중 "국민안전처장관"을 "해양경찰청장"으로, "해양경비안전서장"을 "해양경찰서장"으로 한다.

〈321〉부터 〈388〉까지 생략

부칙 〈제28833호, 2018. 4. 24.〉

제1조(시행일) 이 영은 2018년 5월 1일부터 시행한다.

제2조(과태료의 부과기준에 관한 적용례) 이 영 시행 전의 위반행위로 받은 과태료 부과처분은 별표 2 제2호라목부터 사목까지 및 하목의 개정규정에 따른 위반행위의 차수 산정에 포함하지 아니한다.

부칙 〈제29849호, 2019. 6. 11.〉 (한국해양교통안전공단법 시행령)

제1조(시행일) 이 영은 2019년 7월 1일부터 시행한다.

제2조(다른 법령의 개정) ① 및 ② 생략

③ 어선법 시행령 일부를 다음과 같이 개정한다.

제16조제3항 각 호 외의 부분 중 "「선박안전법」 제45조에 따라 설립된 선박안전기술공단"을 "「한국해양교통안전공단법」에 따라 설립된 한국해양교통안전공단"으로 한다.

④부터 ⑩까지 생략

부칙 〈제30977호, 2020. 8. 26.〉 (양식산업발전법 시행령)

제1조(시행일) 이 영은 2020년 8월 28일부터 시행한다.

제2조 및 제3조 생략

제4조(다른 법령의 개정) ①부터 ㉑까지 생략

㉒ 어선법 시행령 일부를 다음과 같이 개정한다.

제4조 중 "「수산업법」"을 "「수산업법」·「양식산업발전법」"으로 한다.

㉓부터 ㊲까지 생략

제5조 생략

부칙 〈제31164호, 2020. 11. 17.〉

이 영은 공포한 날부터 시행한다.

부칙 〈제33434호, 2023. 4. 25.〉 (소상공인 경제회복 지원을 위한 61개 법령의 일부개정에 관한 대통령령)

제1조(시행일) 이 영은 공포한 날부터 시행한다.

제2조(행정처분 · 과징금 또는 과태료에 관한 적용례) 제1조부터 제61조까지의 개정규정은 이 영 시행 전의 위반행위에 대하여 이 영 시행 이후 행정처분을 하거나 과징금 또는 과태료 부과처분을 하는 경우에도 적용한다.

부칙 〈제33913호, 2023. 12. 12.〉 (행정법제 혁신을 위한 가덕도신공항 건설을 위한 특별법 시행령 등 123개 법령의 일부개정에 관한 대통령령)

이 영은 공포한 날부터 시행한다.

별표 / 서식

[별표 1] 과징금의 부과기준(제6조 관련)

[별표 1의2] 대행업무 정지처분의 기준(제16조의2 관련)

[별표 2] 과태료의 부과기준(제19조 관련)

어선법 시행규칙

[시행 2025. 4. 28.] [해양수산부령 제730호, 2025. 4. 28., 일부개정]

제70조(어선의 결함신고)
제70조의2(어선중개업자에 대한 지도 · 감독)
제71조(증서등의 재발급 등)
제72조(등록업무 등의 실적통보)
제73조(등록업무등의 확인 · 점검)
제73조의2(수수료)
제74조(대행업무의 고시등)
제75조(대행업무등의 계획 · 실적보고등)
제76조삭 제
제77조삭 제

**개정 예정 법률 밑줄 별도 표시.

어선법 시행규칙

[시행 2025. 4. 28.] [해양수산부령 제730호, 2025. 4. 28., 일부개정]

제1장 총칙

제1조(목적) 이 규칙은 「어선법」 및 같은 법 시행령에서 위임된 사항과 그 시행에 필요한 사항을 규정함을 목적으로 한다. 〈개정 2008. 7. 8.〉

제2조(정의) 이 규칙에서 사용하는 용어의 뜻은 다음 각 호와 같다. 〈개정 2008. 7. 8., 2009. 12. 14., 2018. 5. 1., 2020. 9. 3.〉

1. "배의 길이"란 최소 형깊이(「선박톤수의 측정에 관한 규칙」 제2조제5호에 따른 형깊이와 같다. 이하 제2호에서 같다)의 85퍼센트에 있어서의 계획만재흘수선에 평행한 흘수선 전 길이의 96퍼센트 또는 그 흘수선에 있어서 선수재의 전면으로부터 타두재의 중심까지의 길이중 큰 것을 말한다. 다만, 상갑판 보의 상면의 선수재 전면으로부터 선미외판 후면까지의 수평거리(이하 "측정길이"라 한다)가 24미터미만인 어선에 있어서는 상갑판 보의 상면에서 선수재 전면으로부터 타주가 있는 경우에는 타주의 후면까지, 타주가 없는 경우에는 타두재의 중심까지의 수평거리를 말한다.
2. "배의 깊이"란 배의 길이의 중앙에 있어서의 형깊이를 말한다.
3. "배의 너비"란 금속재외판이 있는 어선의 경우에는 배의 길이

의 중앙에서 늑골외면간의 최대너비를 말하고, 금속재외판 외의 외판이 있는 어선의 경우에는 배의 길이의 중앙에서 선체외면간의 최대너비를 말한다.

4. 삭제 〈2018. 5. 1.〉

5. "동력어선"이란 추진기관[선외기(船外機)를 포함한다. 이하 같다]을 설치한 어선을 말한다.

6. "무동력어선"이란 추진기관을 설치하지 아니한 어선을 말한다.

7. "선령"이란 어선이 진수한 날부터 지난 기간을 말한다.

8. "검사기준일"이란 어선검사증서의 유효기간 시작일부터 해마다 1년이 되는 날을 말한다.

9. "국제항해"란 한 나라에서 다른 나라에 이르는 해양을 항행하는 것을 말한다. 이 경우 한 나라가 국제관계에 관하여 책임이 있는 지역 또는 국제연합이 시정권자인 지역은 별개의 나라로 본다.

10. "도면"이란 설계도 · 사양서 · 계산서 · 표 · 자료 등 어선의 치수 · 형상 및 성능 등을 나타내는 서류를 말한다.

제3조(신청 · 신고등의 의무자) ①이 규칙에 의한 신청서 · 신고서 등 그 밖의 서류의 제출과 증서 · 증명서의 반환은 어선의 소유자(어선관리인 또는 어선임차인을 포함하며, 소유자가 법인인 경우에는 그 대표자를, 소유자가 미성년자 또는 피성년후견인인 경우로서 「어선법」(이하 "법"이라 한다) 제42조에 따라 법정대리인이 어선의 총톤수 측정 · 재측정의 신청 등의 의무자인 경우에는 그 법정대리인을 말한다. 이하 같다) 또는 선장이 해야 한다. 다만, 부득이한 사유가 있는 때에는 소유자 또는 선장은 그 대리인으로 하여금 이를 하게 할 수 있다. 〈개정 1999. 5. 17., 2008. 7. 8., 2014. 12. 31.,

2020. 9. 3.〉

②제1항 단서에 따라 대리인이 신청등을 할 때에는 그 권한을 증명하는 서류를 첨부하여야 한다. 〈개정 2008. 7. 8.〉

제3조의2(복원성 승인) ① 법 제3조의2제1항 각 호의 어느 하나에 해당하는 어선의 소유자는 다음 각 호의 어느 하나에 해당하는 경우 법 제3조의2제1항에 따른 복원성 승인을 받아야 한다.

1. 법 제21조제1항제1호에 따라 최초로 항행의 목적에 사용하는 어선에 대한 정기검사를 받으려는 경우

2. 배의 길이의 변경으로 법 제3조의2제1항제1호에 해당하게 된 경우

3. 어선을 법 제3조의2제1항제2호에 따른 낚시어선으로 사용하기 위하여 최초로 「낚시 관리 및 육성법」 제25조제1항에 따라 신고하려는 경우

4. 복원성 승인을 받은 후 복원성에 변경이 발생한 경우. 다만, 별표 1에 따른 복원성 승인 면제 대상의 경우는 제외한다.

② 제1항에 따라 복원성 승인을 받으려는 자는 별지 제48호서식의 도면승인신청서에 별표 6에 따른 검사종류별 관련 도면 중 복원성에 관한 도면 3부를 첨부하여 해양수산부장관에게 제출하여야 한다.

③ 해양수산부장관은 제2항에 따라 제출받은 도면이 법 제3조의2제1항에 따른 해양수산부장관이 정하여 고시하는 복원성 기준에 적합한 경우에는 이를 승인하고, 별표 7의 증인(證印)을 해당 도면의 적절한 곳에 표시하여야 한다.

[본조신설 2018. 5. 1.]

제2장 어선의 건조·개조등의 허가등

제4조(건조·개조 등의 허가구분) 법 제8조제1항에 따른 어선의 건조·개조 또는 건조발주·개조발주의 허가권자(그 변경허가권자를 포함한다. 이하 이 조에서 같다)는 다음 각 호와 같다. 〈개정 2002. 7. 15., 2008. 2. 4., 2008. 2. 27., 2008. 3. 3., 2008. 7. 8., 2009. 12. 14., 2013. 3. 24., 2013. 10. 30., 2020. 8. 28., 2023. 2. 3.〉

1. 해양수산부장관

가. 「원양산업발전법」 제2조제2호에 따른 원양어업에 사용할 어선

나. 「수산업법」 제46조에 따라 해양수산부장관이 시험어업, 연구어업 또는 교습어업에 사용할 어선

다. 「해운법」 제24조제2항에 따라 등록을 하는 외항화물운송사업에 사용할 수산물운반선

라. 해양수산부장관이 어업에 관한 기술보급·시험·조사 또는 지도·감독에 사용할 어선

마. 「양식산업발전법」 제53조에 따라 해양수산부장관이 시험양식업, 연구양식업 또는 교습양식업에 사용할 어선

2. 특별자치시장·특별자치도지사·시장·군수·구청장(자치구의 구청장을 말한다. 이하 "시장·군수·구청장"이라 한다)

제1호 각 목의 어선을 제외한 어선

[전문개정 2001. 12. 31.]

제5조(건조·개조등의 허가신청) ①법 제8조제1항에 따라 어선의 건조·개조 및 건조·개조발주의 허가를 받고자 하는 자는 별지 제1호

서식 또는 별지 제2호서식에 의한 허가신청서(전자문서로 된 신청서를 포함한다)를, 다음 각 호의 허가받은 사항의 변경허가를 신청하려는 자는 별지 제3호서식에 의한 변경허가신청서(전자문서로 된 신청서를 포함한다)를 건조·개조 및 건조·개조발주의 허가 또는 동 허가의 변경허가(이하 "건조·개조등의 허가"라 한다)의 허가구분에 따라 해양수산부장관 또는 시장·군수·구청장에게 각각 제출하여야 한다. 〈개정 1998. 1. 24., 1999. 5. 17., 2001. 12. 31., 2002. 7. 15., 2004. 8. 7., 2008. 3. 3., 2008. 7. 8., 2013. 3. 24.〉

1. 어선의 소유자
2. 삭제 〈1999. 5. 17.〉
3. 선적항
4. 어업의 종류
5. 주요치수
6. 총톤수
7. 추진기관
8. 그 밖의 설비

②해양수산부장관 또는 시장·군수·구청장은 어선의 건조·개조 또는 건조·개조발주의 허가를 한 때에는 별지 제4호서식 또는 별지 제5호서식에 의한 허가서를, 허가받은 사항의 변경허가를 한 때에는 별지 제6호서식에 의한 변경허가서를 각각 신청인에게 교부하여야 한다. 〈개정 1998. 1. 24., 1999. 5. 17., 2002. 7. 15., 2008. 3. 3., 2013. 3. 24.〉

제6조(건조·개조등의 허가 면제) 법 제8조제1항 전단에서 "해양수산부령으로 정하는 경우"란 다음 각 호의 어느 하나에 해당하는 경

우를 말한다. 〈개정 2001. 12. 31., 2008. 3. 3., 2008. 7. 8., 2009. 12. 14., 2011. 3. 30., 2013. 3. 24.〉

1. 총톤수 2톤미만의 어선을 개조하거나 개조의 발주를 하고자 하는 경우

2. 총톤수 2톤 이상의 어선으로서 다음 각 목의 어느 하나에 해당하는 경우

가. 「내수면어업법」 제6조·제9조 또는 제11조에 따른 면허어업·허가어업 또는 신고어업에 사용하는 어선을 개조하거나 개조의 발주를 하려는 경우

나. 추진기관의 종류 또는 출력을 변경하기 위하여 어선을 개조하거나 개조의 발주를 하려는 경우

[전문개정 1999. 5. 17.]

제7조(건조·개조등의 허가조건등) ①해양수산부장관 또는 시장·군수·구청장은 법 제8조제4항에 따라 어선의 건조·개조등의 허가를 함에 있어서 다음 각 호의 조건을 붙일 수 있다. 〈개정 1998. 1. 24., 2002. 7. 15., 2008. 3. 3., 2008. 7. 8., 2013. 3. 24.〉

1. 건조 또는 개조하는 어선의 건조 또는 개조공사의 착공시기에 관한 사항

2. 피대체되는 어선의 처리에 관한 사항(건조·건조발주의 경우에 한한다)

3. 삭제 〈1999. 5. 17.〉

② 삭제 〈2013. 10. 30.〉

제8조 삭제 〈1998. 1. 24.〉

제9조 삭제 〈1999. 5. 17.〉

제10조 삭제 〈1999. 5. 17.〉

제11조 삭제 〈2009. 12. 14.〉

제3장 어선의 톤수측정 및 등록

제1절 어선의 톤수측정

제12조(총톤수 측정 또는 재측정의 신청) ①법 제14조제1항 및 제2항에 따라 어선의 총톤수 측정 또는 재측정(이하 "총톤수의 측정등"이라 한다)을 받으려는 자는 별지 제20호서식에 따른 어선 총톤수 측정·재측정신청서를 해양수산부장관 또는 대한민국 영사(이하 "영사"라 한다)에게 제출해야 한다. 이 경우 측정길이 24미터 이상인 어선의 경우에는 다음 각 호의 도면 또는 서류를 첨부하여야 한다. 〈개정 1998. 1. 24., 1998. 9. 5., 2008. 3. 3., 2008. 7. 8., 2009. 12. 14., 2013. 3. 24., 2020. 9. 3.〉

1. 일반배치도
2. 선체선도
3. 중앙횡단면도
4. 강재배치도 또는 재료배치도
5. 상부구조도
6. 삭제 〈2014. 12. 31.〉
7. 그 밖에 해양수산부장관이 총톤수의 측정등에 필요하다고 인정하는 서류

②해양수산부장관 또는 영사는 필요하다고 인정하는 경우에는 제1항에 따른 서류 외에 조선지·조선자·진수일 및 선박의 원명을 증명할 수 있는 서류를 제출하게 할 수 있다. 〈개정 1998. 1. 24.,

2008. 3. 3., 2008. 7. 8., 2013. 3. 24.〉

③제1항에 따라 총톤수의 측정등을 신청한 자는 해양수산부장관 또는 영사가 이를 측정하는데 필요한 협조를 하여야 한다. 〈개정 1998. 1. 24., 2008. 3. 3., 2008. 7. 8., 2013. 3. 24.〉

[제목개정 2020. 9. 3.]

제13조 삭제 〈2009. 12. 14.〉

제14조(총톤수의 측정등) ①해양수산부장관 또는 영사는 제12조제1항에 따른 신청이 있는 때에는 관계공무원으로 하여금 해당 어선에 출입하여 총톤수의 측정등을 하게 하고, 해양수산부장관이 정하는 서식에 의한 총톤수계산서(이하 "총톤수계산서"라 한다) 및 별지 제21호서식에 따른 어선총톤수측정증명서를 작성하게 하여야 한다. 〈개정 1998. 1. 24., 2008. 3. 3., 2008. 7. 8., 2013. 3. 24.〉

②해양수산부장관 또는 영사는 제1항에도 불구하고 해당 어선이 해양수산부장관이 정하여 고시하는 외국정부 또는 국내외의 공인된 선박검사기관의 총톤수의 측정등을 받은 것으로서 새로이 총톤수의 측정등을 할 필요가 없다고 인정되는 경우에는 그 전부 또는 일부에 대하여 총톤수의 측정등을 하지 아니하고 총톤수계산서 및 어선총톤수측정증명서를 작성하게 할 수 있다. 〈개정 1998. 1. 24., 2008. 3. 3., 2008. 7. 8., 2013. 3. 24., 2014. 12. 31.〉

③해양수산부장관 또는 영사는 필요하다고 인정되는 경우에는 제2항의 국내외의 공인된 선박검사기관에 총톤수의 측정등을 위촉할 수 있다. 〈개정 1998. 1. 24., 2008. 3. 3., 2013. 3. 24.〉

④ 총톤수·순톤수·재화중량톤수의 측정 또는 재측정에 따른 세부사항은 해양수산부장관이 따로 정하는 바에 따른다. 〈신설 2009.

12. 14., 2013. 3. 24., 2020. 9. 3.〉

제15조(어선총톤수측정증명서의 발급 등) ①해양수산부장관 또는 영사는 제14조에 따라 어선총톤수측정증명서를 작성한 때에는 이를 신청인에게 발급하여야 한다. 〈개정 1998. 1. 24., 2008. 3. 3., 2008. 7. 8., 2013. 3. 24.〉

②해양수산부장관 또는 영사는 총톤수의 재측정을 한 결과 이미 등록한 사항을 변경할 필요가 있다고 인정되는 경우에는 그 변경해야 할 사항을 문서로 신청인에게 통지해야 한다. 〈개정 1998. 1. 24., 2008. 3. 3., 2013. 3. 24., 2020. 9. 3.〉

③영사는 제14조제1항에 따라 총톤수의 측정등을 한 때에는 총톤수의 측정등에 관한 서류를 지체없이 해양수산부장관에게 송부하여야 한다. 〈개정 1998. 1. 24., 2008. 3. 3., 2008. 7. 8., 2013. 3. 24.〉

[제목개정 2008. 7. 8.]

제16조 삭제 〈2014. 12. 31.〉

제17조(국제톤수증서등의 발급신청 등) ①법 제37조제1항에 따라 준용되는 「선박법」 제13조에 따라 국제톤수증서 또는 국제톤수확인서를 발급받으려는 자는 별지 제22호서식에 따른 발급신청서에 다음 각 호의 서류를 첨부하여 해양수산부장관 또는 영사에게 제출해야 한다. 〈개정 1998. 1. 24., 2008. 3. 3., 2008. 7. 8., 2009. 12. 14., 2013. 3. 24., 2020. 9. 3.〉

1. 일반배치도
2. 선체선도
3. 중앙횡단면도

4. 강재배치도 또는 재료배치도

5. 상부구조도

6. 삭제 〈2014. 12. 31.〉

7. 그 밖에 해양수산부장관이 국제톤수의 측정 또는 재측정을 위하여 필요하다고 인정하는 서류

②해양수산부장관 또는 영사는 제1항에 따른 신청이 있는 때에는 관계공무원으로 하여금 해당 어선에 출입하여 국제총톤수 및 순톤수의 측정 또는 재측정을 하게 하고, 해양수산부장관이 정하는 서식에 따른 국제톤수계산서 및 별지 제23호서식에 따른 국제톤수증서 또는 별지 제24호서식에 따른 국제톤수확인서를 작성하게 해야 한다. 〈개정 1998. 1. 24., 2008. 3. 3., 2008. 7. 8., 2013. 3. 24., 2020. 9. 3.〉

③제14조제1항에 따른 총톤수의 측정등을 받은 어선에 대하여 제2항에 따른 국제총톤수 및 순톤수의 측정 또는 재측정을 할 때에는 총톤수의 측정등에 사용한 수치를 적용해야 한다. 〈개정 2008. 7. 8., 2020. 9. 3.〉

④해양수산부장관 또는 영사는 국제총톤수 및 순톤수의 측정 또는 재측정을 한 때에는 국제톤수증서 또는 국제톤수확인서를 신청인에게 발급해야 한다. 〈개정 1998. 1. 24., 2008. 3. 3., 2008. 7. 8., 2013. 3. 24., 2020. 9. 3.〉

⑤국제톤수의 측정 또는 재측정의 생략 및 위촉과 서류송부에 관하여는 제14조제2항·제3항 및 제15조제3항을 준용한다. 〈개정 2008. 7. 8., 2020. 9. 3.〉

[제목개정 2008. 7. 8.]

제18조(재화중량톤수증서의 발급신청) ①법 제37조제3항에 따라 준용되는 「선박법」 제3조제1항제4호 및 같은 법 시행규칙 제7조제3항에 따른 재화중량톤수증서를 발급받으려는 자는 별지 제25호서식에 따른 재화중량톤수증서발급신청서에 다음 각 호의 서류를 첨부하여 해양수산부장관 또는 영사에게 제출하여야 한다. 〈개정 1998. 1. 24., 2008. 3. 3., 2008. 7. 8., 2009. 12. 14., 2013. 3. 24.〉

1. 일반배치도
2. 선체선도
3. 중앙횡단면도
4. 배수량등 배의 성능에 관한 곡선도 또는 표(이하 "배수량등곡선도"라 한다)

②해양수산부장관 또는 영사는 제1항에 따른 신청이 있는 때에는 관계공무원으로 하여금 해당 어선에 출입하여 재화중량톤수의 측정 또는 재측정을 하게 하고, 해양수산부장관이 정하는 서식에 따른 재화중량톤수계산서 및 별지 제26호서식에 따른 재화중량톤수증서를 작성하게 해야 한다. 〈개정 1998. 1. 24., 2008. 3. 3., 2008. 7. 8., 2013. 3. 24., 2020. 9. 3.〉

③해양수산부장관 또는 영사는 재화중량톤수의 측정 또는 재측정을 한 때에는 재화중량톤수증서를 신청인에게 발급해야 한다. 〈개정 1998. 1. 24., 2008. 3. 3., 2008. 7. 8., 2013. 3. 24., 2020. 9. 3.〉

④재화중량톤수의 측정 또는 재측정의 생략 및 위촉과 서류송부에 관하여는 제14조제2항·제3항 및 제15조제3항을 준용한다. 〈개정 2008. 7. 8., 2020. 9. 3.〉

[제목개정 2008. 7. 8.]
제19조 삭제 〈2008. 7. 8.〉
제20조 삭제 〈2009. 12. 14.〉

제2절 어선의 등록

제21조(등록의 신청등) ①법 제13조제1항에 따라 어선의 등록을 하려는 자는 별지 제27호서식에 따른 어선등록신청서 · 어선변경등록신청서 또는 어업변경허가신청서에 다음 각 호의 서류를 첨부하여 제22조제1항에 따른 선적항을 관할하는 시장 · 군수 · 구청장에게 제출하여야 한다. 다만, 어선의 건조허가 또는 건조발주허가를 한 시장 · 군수 · 구청장에게 등록을 신청하는 경우에는 제1호에 따른 어선건조허가서 또는 어선건조발주허가서를 첨부하지 아니한다. 〈개정 1998. 1. 24., 1998. 9. 5., 1999. 5. 17., 2001. 12. 31., 2002. 7. 15., 2008. 7. 8., 2012. 6. 7.〉

1. 어선건조허가서 또는 어선건조발주허가서(제2항에 따른 선박의 경우에는 수산업 또는 수산업에 관한 시험 · 조사 · 지도 · 단속 또는 교습에 종사할 수 있음을 증빙하는 서류)
2. 어선총톤수측정증명서
3. 선박등기부등본(「선박등기법」 제2조에 따른 선박등기 대상인 어선에 한한다)
4. 삭제 〈1999. 5. 17.〉
5. 삭제 〈2002. 7. 15.〉
6. 대체되는 어선의 처리에 관한 서류(어선을 대체하기 위하여 건조 또는 건조발주한 경우에 한한다)

7. 삭제 <2008. 7. 8.>

②법 제13조제1항 전단에서 “해양수산부령이 정하는 선박”이란 다음 각 호의 어느 하나에 해당하는 선박으로서 어선으로 사용하고자 하는 선박을 말한다. <개정 1998. 1. 24., 1999. 5. 17., 2000. 1. 6., 2008. 3. 3., 2008. 7. 8., 2013. 3. 24.>

1. 법 제19조에 따라 어선의 등록이 말소된 선박
2. 「선박법」 제8조에 따라 등록되어 있는 선박
3. 삭제 <2008. 7. 8.>
4. 외국에서 수입한 선박

③시장 · 군수 · 구청장은 어선의 등록을 한 때에는 법 제13조제3항에 따른 어선규모에 따라 제33조에 따른 선박국적증서 · 선적증서 또는 등록필증(이하 “선박국적증서등”이라 한다)을 신청인에게 발급함과 동시에 별표 1의2에 따른 어선번호부여방법에 따라 어선번호를 부여하여 어선번호판을 제작하도록 하여야 한다. <개정 2002. 7. 15., 2008. 7. 8., 2018. 5. 1.>

제22조(선적항의 지정등) ①법 제13조제4항에 따라 선적항을 정하고자 할 때에는 해당 어선 또는 선박이 항행할 수 있는 수면을 접한 그 소유자의 주소지인 시 · 구(자치구에 한한다. 이하 같다) · 읍 · 면에 소재하는 항 · 포구를 기준으로 하여 정한다. 다만, 다음 각 호의 어느 하나에 해당하는 경우에는 어선 또는 선박의 소유자가 지정하는 항 · 포구를 선적항으로 정할 수 있다. <개정 1999. 5. 17., 2008. 7. 8.>

1. 국내에 주소가 없는 어선의 소유자가 국내에 선적항을 정하는 경우

2. 어선의 소유자의 주소지가 어선이 항행할 수 있는 수면을 접한 시 · 구 · 읍 · 면이 아닌 경우

3. 삭제 〈1999. 5. 17.〉

4. 그 밖의 부득이한 사유로 어선의 소유자의 주소지 외의 항 · 포구를 선적항으로 지정하고자 하는 경우

②선적항의 명칭은 항 · 포구의 명칭이나 어선 또는 선박이 항행할 수 있는 수면을 접한 시 · 군 · 구 · 읍 · 면의 명칭을 기준으로 하여 정한다.

③ 삭제 〈1999. 5. 17.〉

④시장 · 군수 · 구청장은 제1항에 따라 선적항으로 정하고자 하는 항 · 포구가 다음 각 호의 어느 하나에 해당하는 경우에는 해당 항 · 포구를 선적항으로 정하여서는 아니된다. 〈개정 1999. 5. 17., 2002. 7. 15., 2008. 7. 8.〉

1. 지정받고자 하는 선적항이 당해어선 또는 선박이 주로 입 · 출항하는 항 · 포구가 아니라고 인정되는 경우

2. 지정받고자 하는 선적항이 매립 · 간척등 공공개발예정지역으로 고시되어 공사착공기일의 촉박등의 사유로 선적항으로 지정하는 것이 적합하지 아니하다고 인정되는 경우

⑤ 삭제 〈1999. 5. 17.〉

⑥ 삭제 〈1999. 5. 17.〉

⑦ 삭제 〈1999. 5. 17.〉

제23조(등록사항) ① 시장 · 군수 · 구청장은 제21조제1항에 따른 신청이 있는 때에는 다음 각 호의 사항을 별지 제28호서식에 따른 어선원부에 기재해야 한다. 〈개정 1998. 1. 24., 1999. 5. 17.,

2002. 7. 15., 2007. 10. 18., 2008. 7. 8., 2009. 12. 14., 2020. 9. 3.〉

1. 어선번호
2. 호출부호 또는 호출명칭
3. 어선의 종류
4. 어선의 명칭
5. 선적항
6. 선체재질
7. 범선의 돛(범장, 帆裝)(범선의 경우만 해당한다)
8. 배의 길이
9. 배의 너비
10. 배의 깊이
11. 총톤수
12. 폐위장소의 합계용적
   가. 상갑판아래의 용적
   나. 상갑판위의 용적
      (1) 선수루의 용적
      (2) 선교루의 용적
      (3) 선미루의 용적
      (4) 갑판실의 용적
      (5) 그 밖의 장소의 용적
13. 제외장소의 합계용적
   가. 선수루의 용적
   나. 선교루의 용적

다. 선미루의 용적

라. 갑판실의 용적

마. 그 밖의 장소의 용적

14. 기관의 종류·마력 및 대수

15. 추진기의 종류 및 수

16. 조선지

17. 조선자

18. 진수연월일

19. 소유자의 성명·주민등록번호 및 주소(법인인 경우에는 법인의 명칭·법인등록번호 및 주소)

20. 공유자의 지분율(어선이 공유인 경우에 한한다)

② 제1항의 어선원부는 전자적 처리가 불가능한 특별한 사유가 있는 경우를 제외하고는 전자적 방법으로 작성·관리하여야 한다. 〈신설 2007. 10. 18.〉

제24조(어선의 표시사항 및 표시방법) ①법 제16조제1항에 따라 어선에 표시하여야 할 사항과 그 표시방법은 다음 각 호와 같다. 〈개정 1998. 1. 24., 2008. 3. 3., 2008. 7. 8., 2009. 12. 14., 2013. 3. 24.〉

1. 선수양현의 외부에 어선명칭을, 선미외부의 잘 보이는 곳에 어선명칭 및 선적항을 10센티미터크기이상의 한글(아라비아숫자를 포함한다)로 명료하고 내구력있는 방법으로 표시하여야 한다. 다만, 어선의 식별을 효과적으로 하기 위하여 해양수산부장관이 필요하다고 인정하는 경우에는 어업별로 어선명칭의 크기, 표시방법등에 관하여 따로 정할 수 있다.

2. 배의 길이 24미터 이상의 어선은 선수와 선미의 외부 양측면에 흘수를 표시하기 위하여 선저로부터 최대흘수선상에 이르기까지 20센티미터마다 10센티미터크기의 아라비아숫자로서 흘수의 치수를 표시하되, 숫자의 하단은 그 숫자가 표시하는 흘수선과 일치시켜야 한다.

②특수한 구조로 인하여 어선명칭등 어선의 표시사항을 제1항에 따라 표시하기 곤란한 어선의 경우에는 해양수산부장관이 적절하다고 인정하는 장소에 이를 표시할 수 있다. 〈개정 1998. 1. 24., 2008. 3. 3., 2008. 7. 8., 2013. 3. 24.〉

제25조(어선번호판의 제작등) ①법 제16조제2항에 따라 어선번호판은 알루미늄, 동판 또는 강판 등의 금속재이거나 합성수지재의 내부식성 재료로 제작하여야 하며, 그 규격은 가로 15센티미터, 세로 3센티미터로 한다. 〈개정 1999. 5. 17., 2008. 7. 8., 2017. 1. 2.〉

②어선의 소유자는 제1항에 따른 규격으로 제작된 어선번호판을 조타실 또는 기관실의 출입구등 어선 안쪽부분의 잘 보이는 장소에 내구력있는 방법으로 부착하여야 한다. 다만, 「수산업법 시행령」 제42조에 따라 어선표지판을 설치하는 어선에 대하여는 어선번호판 부착을 면제한다. 〈개정 1998. 1. 24., 1999. 5. 17., 2008. 7. 8., 2009. 12. 14., 2010. 4. 28., 2023. 2. 3.〉

③ 삭제 〈1999. 5. 17.〉

제26조(등록사항의 변경신청 등) ① 법 제17조에 따라 어선의 등록사항에 관한 변경등록을 하려는 자나 법 제17조에 따라 어선의 등록사항에 관한 변경등록과 함께 「수산업법 시행규칙」 제56조제1항에 따라 어업허가사항의 변경허가를 받으려는 자(허가권자가 시장·

군수 · 구청장인 경우만 해당한다)는 그 변경의 사유가 발생한 날부터 30일(상속의 경우에는 상속이 발생한 날이 속하는 달의 말일부터 6개월을 말한다) 이내에 별지 제27호서식에 따른 어선등록신청서 · 어선변경등록신청서 또는 어업변경허가신청서에 다음 각 호의 서류를 첨부하여 선적항을 관할하는 시장 · 군수 · 구청장에게 제출하여야 한다. 다만, 어선의 소유자가 「주민등록법」 제16조제1항에 따라 전입신고(같은 시 · 군 · 구 내에서 전입신고를 한 경우만 해당한다)를 한 경우에는 주소변경에 대한 변경등록의 신청을 한 것으로 본다. 〈개정 2012. 6. 7., 2018. 5. 1., 2023. 2. 3.〉

1. 어선검사증서 및 매매 · 상속 관련 서류 등 변경내용을 증명하는 서류

2. 선박국적증서 · 선박국적증서영역서 · 선적증서 또는 등록필증

3. 「수산업법 시행규칙」 제56조제2항제1호 및 제3호의 서류(법 제17조에 따라 어선의 등록사항에 관한 변경등록과 함께 「수산업법 시행규칙」 제56조제1항에 따라 어업허가사항의 변경허가를 받으려는 경우만 해당한다)

②시장 · 군수 · 구청장은 제1항에 따른 변경등록의 신청사항중 선적항을 다른 시장 · 군수 · 구청장의 관할구역에 위치한 항 · 포구로 변경하는 내용이 있는 때에는 제22조제4항 각 호의 어느 하나에 해당하는 경우를 제외하고는 해당 어선의 어선원부 및 그 부속서류를 변경하고자 하는 선적항을 관할하는 시장 · 군수 · 구청장에게 지체없이 송부하고 그 내용을 신청인에게 통지하여야 한다. 〈신설 1999. 5. 17., 2002. 7. 15., 2008. 7. 8., 2014. 12. 31.〉

③시장 · 군수 · 구청장은 제1항에 따른 신청이 있는 때 또는 제2

항에 따른 어선원부 등을 송부받은 때에는 어선원부에 변경등록을 한 후 선박국적증서등을 다시 작성하여 신청인에게 발급하여야 한다. 이 경우 제1항 단서에 따른 변경등록에 따라 선박국적증서등을 다시 발급하는 경우에는 종전의 선박국적증서등을 회수하여야 한다. 〈개정 1999. 5. 17., 2002. 7. 15., 2008. 7. 8., 2011. 3. 30.〉

[제목개정 2012. 6. 7.]

제27조 삭제 〈1999. 5. 17.〉

제28조(등록사항의 정정신청등) ①어선의 소유자가 등록사항에 착오가 있는 것을 발견한 때에는 전화나 그 밖의 방법으로 선적항을 관할하는 시장·군수·구청장에게 등록사항의 정정을 신청할 수 있다. 〈개정 2002. 7. 15., 2008. 7. 8., 2012. 6. 7., 2017. 1. 2.〉

②시장·군수·구청장은 제1항에 따라 등록사항의 정정신청을 받거나 등록사항에 착오가 있는 것을 발견한 때에는 어선원부의 기재사항을 정정하거나 변경하여야 한다. 이 경우 시장·군수·구청장은 선박국적증서등의 기재사항을 변경할 사유가 발생하는 때에는 선박국적증서등을 다시 작성하여 발급하고, 구증서를 회수하여야 한다. 〈개정 1998. 1. 24., 1998. 9. 5., 2002. 7. 15., 2008. 7. 8.〉

제29조(등록말소와 어선원부의 보관) ① 법 제19조제1항에 따라 어선의 등록 말소를 신청하려는 자는 별지 제34호서식에 따른 어선등록말소신청서에 다음 각 호의 서류 등을 첨부하여 선적항을 관할하는 시장·군수·구청장에게 제출하여야 한다. 〈개정 2017. 6. 28.〉

1. 등록 말소의 사유를 증명하는 서류
2. 어선번호판
3. 선박국적증서등

4. 다음 각 목의 서류(「선박등기법」 제2조에 따른 선박등기 대상 어선의 경우에 한정한다)

가. 선박등기부 등본

나. 압류권자 · 저당권자 · 공유자 등 해당 어선에 대하여 정당한 권원이 있는 자(이하 "이해관계인"이라 한다)의 승낙서 또는 해당 이해관계인에게 대항할 수 있는 판결문의 등본(이해관계인이 있는 경우에 한정한다)

②시장 · 군수 · 구청장은 제1항에 따른 신청을 받고 어선의 등록을 말소하거나 법 제19조제2항에 따라 직권으로 어선의 등록을 말소한 때에는 해당 어선의 어선원부에 "말소"의 표시를 한 후 2년간 따로 보관하여야 한다. 〈개정 2002. 7. 15., 2008. 7. 8.〉

③시장 · 군수 · 구청장은 어선의 등록을 말소한 어선에 대하여 이해관계인의 신청이 있는 때에는 별지 제34호의2서식에 따른 어선등록말소확인서를 발급할 수 있다. 〈개정 2002. 7. 15., 2008. 7. 8., 2017. 6. 28.〉

제30조(어선원부의 등본 · 초본의 발급신청 등) 누구든지 어선의 선적항을 관할하는 시장 · 군수 · 구청장에게 어선원부의 등본 또는 초본의 발급[정보통신망이나 무인(無人)민원발급기를 통한 직접 발급을 포함한다]을 신청하거나 이해관계있는 부분에 대하여 어선원부의 열람을 청구할 수 있다. 〈개정 2008. 7. 8., 2018. 5. 1.〉

[제목개정 2008. 7. 8.]

제31조(관할구역등의 변경에 따른 조치등) ①시장 · 군수 · 구청장의 관할구역의 변경으로 선적항이 다른 시장 · 군수 · 구청장의 관할구역에 속하게 된 경우에는 변경전의 시장 · 군수 · 구청장은 어선의 소유

자의 신청에 의하여 그 어선에 관한 어선원부와 부속서류를 변경된 시장·군수·구청장에게 송부하여야 하며, 어선원부등을 송부받은 시장·군수·구청장은 관할 시장·군수·구청장이 변경된 사실을 당해어선의 소유자에게 통지하여야 한다. 〈개정 2002. 7. 15.〉

②행정구역의 개편이나 그 명칭 또는 지번등의 변경이 있는 경우에는 어선원부 및 선박국적증서등에 기재된 행정구역이나 그 명칭 또는 지번등은 이를 변경된 것으로 본다.

제32조(등록 등의 통보) 시장·군수·구청장은 법 제13조·제17조 또는 제19조에 따라 어선의 등록 또는 변경등록을 하거나 어선의 등록을 말소한 때에는 다음 각 호의 기관에 그 사실을 지체없이 통보하여야 한다. 다만, 제4호의 경우에는 무선설비가 설치된 어선과 관련하여 주소의 변경등록 및 어선의 등록말소만 해당한다. 〈개정 2002. 7. 15., 2007. 11. 23., 2008. 3. 3., 2008. 7. 8., 2009. 12. 14., 2011. 3. 30., 2013. 3. 24., 2019. 8. 20.〉

1. 해당 어선이 등기된 등기소(「선박등기법」의 적용을 받는 어선에만 해당한다)

2. 해양수산부장관. 다만, 법 제41조제1항에 따라 어선의 검사업무를 대행하게 한 경우에는 「한국해양교통안전공단법」에 따라 설립된 한국해양교통안전공단(이하 "공단"이라 한다) 또는 「선박안전법」 제60조제2항에 따른 선급법인(이하 "선급법인"이라 한다)

3. 해당 어선에 관련된 어업의 면허·허가기관

4. 중앙전파관리소

[전문개정 2001. 12. 31.]

제3절 선박국적증서등

제33조(선박국적증서등의 서식) 법 제13조제3항에 따른 선박국적증서는 별지 제35호서식, 선적증서는 별지 제36호서식, 등록필증은 별지 제37호서식에 따라 각각 발급하여야 한다. 〈개정 2008. 7. 8.〉

제33조의2(선박국적증서등의 비치의무 면제) 법 제15조 단서에서 "「내수면어업법」 제6조, 제9조, 제11조, 「양식산업발전법」 제10조제1항제6호, 제43조제1항제1호 또는 제2호에 따라 면허어업·허가어업·신고어업 또는 양식업에 사용하는 어선 등 해양수산부령으로 정하는 어선"이란 다음 각 호의 어느 하나에 해당하는 어선을 말한다. 〈개정 2009. 12. 14., 2010. 4. 28., 2013. 3. 24., 2017. 6. 28., 2020. 8. 28., 2023. 2. 3., 2023. 12. 18.〉

1. 「내수면어업법」 제6조·제9조 또는 제11조에 따라 면허어업·허가어업 또는 신고어업에 사용하는 어선
2. 「수산업법」 제27조에 따른 어장관리 또는 「양식산업발전법」 제41조에 따른 양식장 관리에 사용하는 총톤수 5톤 미만의 어선
3. 「수산업법 시행규칙」 제38조제1항제1호에 따른 어업허가증을 갖춰 두고 있는 어선

[전문개정 2008. 7. 8.]

제34조(선박국적증서의 영역서의 발급신청 등) ①선박국적증서의 영역서를 발급받으려는 자는 별지 제38호서식에 따른 선박국적증서영역서발급신청서를 선적항을 관할하는 시장·군수·구청장에게 제출하여야 한다. 이 경우 시장·군수·구청장은 「전자정부법」 제36조제1항에 따른 행정정보의 공동이용을 통하여 다음 각 호의 서류를 확인하여야 하며, 신청인이 확인에 동의하지 아니하는 경우에는 그 서

류를 제출하도록 하여야 한다. 〈개정 2002. 7. 15., 2008. 7. 8., 2013. 10. 30.〉

1. 선박국적증서

2. 여권

②시장·군수·구청장은 제1항에 따른 신청이 있는 때에는 별지 제39호서식에 따른 선박국적증서영역서를 신청인에게 발급하여야 한다. 〈개정 2002. 7. 15., 2008. 7. 8.〉

③선박국적증서의 영역서를 소지한 자가 선박국적증서를 시장·군수·구청장에게 반환하는 때에는 그 영역서도 같이 반환하여야 한다. 〈개정 2002. 7. 15.〉

[제목개정 2008. 7. 8.]

제35조 삭제 〈1999. 5. 17.〉

제36조 삭제 〈1999. 5. 17.〉

제37조 삭제 〈1999. 5. 17.〉

제38조 삭제 〈1999. 5. 17.〉

제39조(선박국적증서등의 무효통보) 선적항을 관할하는 시장·군수·구청장은 선박국적증서등과 가선박국적증서가 다음 각 호의 어느 하나에 해당하는 경우에는 해당 증서가 무효임을 지체없이 관계기관에 통보하여야 한다. 〈개정 2002. 7. 15., 2008. 7. 8.〉

1. 법 제19조제2항에 따라 직권으로 어선의 등록을 말소한 경우

2. 법 제19조제3항 단서에 따라 분실등의 사유로 반납할 수 없음을 신고받은 경우

3. 삭제 〈1999. 5. 17.〉

제40조 삭제 〈2009. 12. 14.〉

제4장 어선 및 어선용품의 검사 등 〈신설 2009. 12. 14.〉

제1절 통칙 〈신설 2009. 12. 14.〉

제41조(만재흘수선의 표시 생략) 법 제4조제1항 단서에서 "해양수산부령으로 정하는 어선"이란 다음 각 호의 어느 하나에 해당하는 어선을 말한다. 〈개정 2013. 3. 24., 2018. 5. 1., 2020. 9. 3.〉

1. 국제항해에 종사하지 아니하는 수산업에 관한 시험 · 조사 · 지도 · 단속 또는 교습에 종사하는 어선
2. 선단조업형태의 어업을 하는 어선 중 어획물 또는 그 가공품을 해당 어선에 싣지 않고 어로작업에만 종사하는 어선
3. 법 제21조제1항제5호에 따라 임시항행검사를 받고 항행하는 어선
4. 시운전을 위하여 항행하는 어선
5. 목선과 그 밖에 만재흘수선을 표시하는 것이 구조상 곤란하거나 적당하지 아니하다고 해양수산부장관이 인정하는 어선

[본조신설 2009. 12. 14.]

제42조(무선설비의 설치대상어선 등) ① 법 제5조제1항 단서에 따라 "해양수산부령으로 정하는 어선"이란 국제항해에 종사하는 총톤수 300톤 이상의 어선으로서 다음 각 호의 어느 하나에 해당하는 어선을 말한다. 〈개정 2013. 3. 24.〉

1. 어획물운반업 또는 수산물가공업에 종사하는 어선
2. 수산업에 관한 시험 · 조사 · 지도 · 단속 또는 교습에 종사하는 어선

② 법 제5조제3항에서 "해양수산부령으로 정하는 항행의 목적에 사용되는 경우"란 다음 각 호의 어느 하나에 해당하는 경우를 말한

다. 〈개정 2013. 3. 24., 2018. 5. 1.〉

1. 임시항행검사증서를 가지고 1회의 항행에 사용하는 경우

2. 시운전을 하는 경우

[본조신설 2009. 12. 14.]

제42조의2(어선위치발신장치 설치 제외 등) ① 법 제5조의2제1항 본문에서 "「내수면어업법」에 따른 내수면어업에 종사하는 어선 등 해양수산부령으로 정하는 어선"이란 다음 각 호의 어선을 말한다. 〈개정 2017. 6. 28., 2018. 5. 1., 2019. 3. 22., 2020. 8. 28., 2023. 2. 3., 2025. 1. 3.〉

1. 무동력어선

2. 「내수면어업법」에 따른 내수면어업에 종사하는 어선

3. 수산업에 관한 시험 · 조사 · 지도 · 단속에 종사하는 어선

4. 「수산업법」 제7조에 따른 면허어업 또는 「양식산업발전법」 제10조에 따른 면허 양식업에 사용하기 위하여 「수산업법」 제27조제1항 · 제3항 또는 「양식산업발전법」 제41조제1항 · 제3항에 따라 관리선으로 지정받거나 승인받은 어선. 다만, 「낚시 관리 및 육성법」에 따른 낚시어선은 제외한다.

5. 「어선안전조업 및 어선원의 안전 · 보건 증진 등에 관한 법률」 제2조제4호에 따른 서해특정해역에서 「수산업법 시행령」 제21조제1항제11호에 따른 근해자망어업에 종사하는 어선의 부속선

6. 총톤수 2톤 미만의 어선으로서 상갑판이 없이 현단(舷端)으로만 이루어져 있거나, 상갑판 상부에 구조물이 없는 어선[기관실의 보호를 위하여 기관실 위벽(圍壁)만 설치한 어선을 포함한다]

② 삭제 〈2017. 6. 28.〉

③ 법 제5조의2제1항에 따른 어선위치발신장치(이하 "어선위치발신장치"라 한다)로부터 수집한 어선의 위치정보는 다음 각 호의 어느 하나에 해당하는 목적으로만 사용해야 하며, 해당 어선의 소유자나 선장의 동의를 받지 않고 다른 목적으로 사용하거나 제3자에게 제공해서는 안 된다. 〈개정 2020. 9. 3., 2023. 12. 18.〉

1. 어선의 안전운항
2. 불법 어업 · 영업의 단속
3. 수산자원의 조사 및 수산물의 안전성에 관한 조사. 이 경우 수산물의 안전성에 관한 조사는 해양수산부장관이 필요하다고 인정하는 경우로 한정한다.
4. 해양사고에 대한 신속한 대응 · 조사
5. 어선의 출항 · 입항 신고의 관리
6. 군의 해안경계작전 지원

[본조신설 2012. 3. 16.]

[제목개정 2019. 3. 22.]

제2절 검사의 집행 〈신설 2009. 12. 14.〉

제43조(정기검사) ① 법 제21조제1항제1호에 따라 최초로 항행에 사용하는 어선에 대하여 정기검사를 받으려는 어선소유자는 별지 제40호서식의 어선검사신청서에 다음 각 호의 서류를 첨부하여 해양수산부장관에게 제출하여야 한다. 이 경우 제50조에 따른 건조검사 및 제53조제1항에 따른 별도건조검사 신청 시에 첨부한 서류는 첨부하지 아니하되, 제3호부터 제5호까지의 서류는 해당하는 경우에만 첨부한다. 〈개정 2013. 3. 24.〉

1. 법 제27조제1항제4호에 따른 건조검사증서 또는 제53조제3항에 따른 별도건조검사증서(건조검사 또는 별도건조검사를 정기검사와 동시에 실시하는 경우에는 생략한다)

2. 정기검사 관련 승인도면(도면을 승인한 대행검사기관에 신청하는 경우에는 생략한다)

3. 법 제27조제1항제5호에 따른 어선용품의 예비검사증서

4. 법 제27조제1항제6호에 따른 어선용품의 검정증서

5. 법 제27조제1항제7호에 따른 어선용품의 건조·제조확인증 또는 정비확인증

② 법 제21조제1항제1호에 따라 어선검사증서의 유효기간이 끝나는 어선에 대하여 정기검사를 받으려는 어선소유자는 해당 증서의 유효기간이 끝나기 전에 별지 제40호서식의 어선검사신청서에 다음 각 호의 서류를 첨부하여 해양수산부장관에게 제출하여야 한다. 다만, 제2호부터 제4호까지의 서류는 해당되는 경우에만 첨부한다. 〈개정 2013. 3. 24.〉

1. 법 제27조제1항제1호에 따른 어선검사증서

2. 법 제27조제1항제5호에 따른 어선용품의 예비검사증서

3. 법 제27조제1항제6호에 따른 어선용품의 검정증서

4. 법 제27조제1항제7호에 따른 어선용품의 건조·제조확인증 또는 정비확인증

③ 해양수산부장관은 제1항 및 제2항에 따른 신청이 있는 때에는 법 제3조 각 호의 설비, 법 제3조의2에 따른 복원성의 유지 및 법 제4조제1항에 따른 만재흘수선의 표시에 대하여 검사한다. 〈개정 2013. 3. 24., 2018. 5. 1.〉

④ 해양수산부장관은 제3항에 따른 정기검사에 합격한 어선에 대하여 제63조제1항제1호에 따른 어선검사증서의 뒤쪽에 다음 검사시기와 검사종류를 적어야 한다. 〈개정 2013. 3. 24.〉

[본조신설 2009. 12. 14.]

제44조(중간검사) ① 법 제21조제1항제2호에 따른 중간검사는 제1종 중간검사와 제2종 중간검사로 구분하며, 어선 규모에 따라 받아야 하는 중간검사의 종류와 그 검사 시기는 다음 각 호와 같다. 다만, 총톤수 2톤 미만인 어선은 중간검사를 면제한다. 〈개정 2011. 3. 30.〉

1. 배의 길이가 24미터 미만인 어선

제1종 중간검사를 정기검사 후 두 번째 검사기준일 전 3개월부터 세 번째 검사기준일 후 3개월까지의 기간 이내에 받을 것

2. 배의 길이가 24미터 이상인 어선

가. 선령이 5년 미만인 어선

제1종 중간검사를 정기검사 후 두 번째 검사기준일 전 3개월부터 세 번째 검사기준일 후 3개월까지의 기간 이내에 받을 것

나. 선령이 5년 이상인 어선

1) 제1종 중간검사: 정기검사 후 두 번째 검사기준일 전후 3개월 이내 또는 세 번째 검사기준일 전후 3개월 이내의 기간 중 하나를 선택하여 그 기간 이내에 받을 것. 다만, 선저검사(어선의 밑부분에 대한 검사를 말한다. 이하 같다)는 지난 번 선저검사일부터 3년을 초과해서는 아니 된다.

2) 제2종 중간검사: 정기검사 또는 제1종 중간검사를 받아야 하는 연도의 검사기준일을 제외한 검사기준일의 전후 3개월의 기간

이내에 받을 것

② 법 제21조제1항제2호에 따라 중간검사를 받으려는 어선소유자는 별지 제40호서식의 어선검사신청서에 제43조제2항 각 호의 서류를 첨부하여 해양수산부장관에게 제출하여야 한다. 〈개정 2013. 3. 24.〉

③ 해양수산부장관은 제2항에 따른 신청이 있는 때에는 다음 각 호의 사항에 대하여 검사한다. 〈개정 2013. 3. 24., 2018. 5. 1.〉

1. 제1종 중간검사: 법 제3조제1호부터 제3호까지, 제5호, 제6호, 제8호부터 제11호까지의 설비와 법 제4조제1항에 따른 만재흘수선의 표시

2. 제2종 중간검사: 법 제3조제1호(선체의 내부구조로 한정한다), 제2호(선체 내부의 추진설비로 한정한다), 제3호, 제5호(선체 내부의 조타설비로 한정한다), 제8호, 제9호, 제11호의 설비

④ 해양수산부장관은 제3항에 따른 중간검사에 합격한 어선에 대하여 제63조제1항제1호에 따른 어선검사증서의 뒤쪽에 다음 검사시기와 검사종류를 적어야 한다. 〈개정 2013. 3. 24.〉

⑤ 제1항에도 불구하고 어선소유자는 장기항해 등 부득이한 사유가 있는 경우에는 중간검사를 검사기준일보다 3개월 이상 앞당겨 받을 수 있다. 이 경우 해당 검사완료일부터 3개월이 지난 날을 새로운 검사기준일로 한다.

[본조신설 2009. 12. 14.]

제45조(중간검사시기의 연기) ① 해외수역에서의 장기간 항행·조업 등 부득이 한 사유로 인하여 중간검사를 받을 수 없어 중간검사시기를 연기 받으려는 어선소유자는 별지 제41호서식의 중간검사시기 연기신청서에 해당 어선의 항해, 조업일정 및 현재의 위치를 나타내

는 서류와 해당 어선의 검사증서 사본을 첨부하여 해양수산부장관에게 제출하여야 한다. 〈개정 2013. 3. 24.〉

② 해양수산부장관은 제1항에 따른 신청이 있는 때에는 해당 어선의 항해 및 조업 일정을 고려하여 타당하다고 인정되는 경우 해당 검사기준일부터 12개월 이내의 기간을 정하여 그 검사시기를 연기할 수 있다. 이 경우 다음 검사시기와 검사종류 등을 어선소유자에게 알려야 한다. 〈개정 2013. 3. 24.〉

③ 제2항에 따라 연기 받은 기간 이내에 해당 어선이 중간검사를 받을 장소에 도착하면 지체 없이 중간검사를 받아야 한다.

④ 제2항에 따른 검사시기의 연기로 인하여 연기된 중간검사와 정기검사가 겹치는 경우에는 정기검사를 실시하고, 제1종 중간검사와 제2종 중간검사가 겹치는 경우에는 제1종 중간검사를 실시한다.

[본조신설 2009. 12. 14.]

제46조(특별검사) ① 법 제21조제1항제3호에 따라 어선소유자가 특별검사를 받아야 하는 경우는 법 제2조제1호가목 및 나목 외의 용도로 사용하려는 경우로서 해양수산부장관이 인정하는 경우로 한다. 〈개정 2013. 3. 24.〉

② 제1항에 따라 특별검사를 받으려는 자는 별지 제40호서식의 어선검사신청서에 다음 각 호의 서류를 첨부하여 해양수산부장관에게 제출하여야 한다. 〈개정 2013. 3. 24.〉

1. 어선검사증서
2. 특별검사와 관련되는 서류

[본조신설 2009. 12. 14.]

제47조(임시검사) ① 법 제21조제1항제4호에 따라 어선소유자가 임

시검사를 받아야 하는 경우는 다음 각 호와 같다. 〈개정 2013. 3. 24., 2017. 6. 28., 2018. 5. 1., 2020. 9. 3., 2025. 4. 28.〉

1. 배의 길이, 너비, 깊이를 변경하려는 경우 또는 다음 각 목의 어느 하나에 해당하는 선체 주요부를 새로 설치하거나 교체하려는 경우

가. 상갑판 아래의 선체, 선루(船樓) 또는 기관실 위벽의 폭로부(暴露部)

나. 갑판실(승선자가 거주하거나 항상 사용하는 것에 한정한다)의 측벽 또는 정부갑판(頂部甲板)

다. 선루갑판 아래의 폭로부 외판

라. 격벽에 설치되어 폐위(閉圍)구역을 보호하는 폐쇄장치(목제 창구덮개 또는 창구복포는 제외한다)

2. 어선의 추진기관 등과 관련하여 다음 각 목의 어느 하나에 해당하는 경우

가. 추진기관을 새로 설치·교체하거나 그 출력을 변경하려는 경우

나. 추진기관이 아닌 내연기관[원 출력 30마력(PS) 이상인 것으로 한정한다]을 새로 설치·교체하거나 그 출력을 변경하려는 경우

다. 추진기관이 아닌 내연기관[원 출력 30마력(PS) 미만인 것으로 한정한다]의 출력을 30마력(PS) 이상으로 변경하려는 경우

라. 추진기관용 동력전달장치를 새로 설치하거나 교체하려는 경우

마. 프로펠러축을 새로 설치하거나 교체하려는 경우

바. 발전기[정격출력이 5킬로와트(kW) 이상인 것으로 한정한다]를 새로 설치하거나 교체하려는 경우

3. 타(舵) 또는 조타장치를 새로 설치하거나 교체하려는 경우

4. 연료탱크 및 그 밖에 인화성 액체 또는 인화성 고압가스가 새거나 축적될 우려가 있는 곳에 전선로를 새로 설치하거나 설치되어 있는 전선로를 교체하려는 경우

5. 어선의 용도를 변경하거나 어업의 종류를 변경할 목적으로 어선의 구조나 설비를 변경하려는 경우

6. 법 제27조제1항제1호에 따른 어선검사증서에 기재된 내용을 변경하려는 경우. 다만, 어선명칭 및 선적항의 변경 등 법 제3조에 따른 어선의 설비에 변경이 수반되지 아니하는 경미한 사항의 변경인 경우에는 그러하지 아니하다.

7. 어선용품 중 어선에 고정 설치되는 것으로서 법 제3조제7호(어로설비는 제외한다), 제8호 또는 제11호에 해당하는 설비를 새로 설치하거나 교체하려는 경우

8. 만재흘수선을 새로 표시하거나 변경하려는 경우

9. 법 제3조의2제1항 각 호의 어느 하나에 해당하는 어선이 다음 각 목의 어느 하나에 해당하게 된 경우

가. 복원성에 관한 기준을 새로 적용받는 경우

나. 승인받은 복원성에 영향을 미칠 우려가 있는 어선용품을 신설·증설·교체 또는 제거하거나 위치를 변경하려는 경우. 다만, 별표 1에 따른 복원성 승인 면제 대상에 해당하게 되는 경우는 제외한다.

10. 보일러 안전밸브의 봉인을 개방하여 조정하려는 경우

11. 하역설비의 제한하중, 제한각도 및 제한반지름(이하 "제한하중등"이라 한다)을 변경하려는 경우

12. 승강설비의 제한하중 또는 정원을 변경하려는 경우

13. 해양사고 등으로 어선과 관련하여 제1호부터 제3호까지의 어

느 하나에 해당하는 변경 · 신설 · 교체가 필요한 경우

14. 어선의 정기검사 또는 중간검사를 할 때에 어선설비의 보완이 필요하다고 인정되는 등 해양수산부장관이 특정한 사항에 관하여 임시검사를 받을 것을 지정하는 경우. 이 경우 해양수산부장관은 어선검사증서의 뒤쪽에 검사받을 내용 및 검사시기를 적어야 한다.

② 법 제21조제1항제4호에 따라 임시검사를 받으려는 어선소유자는 별지 제40호서식의 어선검사신청서에 다음 각 호의 서류를 첨부하여 해양수산부장관에게 제출하여야 한다. 〈개정 2013. 3. 24., 2018. 5. 1.〉

1. 제43조제2항 각 호의 첨부서류 중 해당 서류

2. 임시검사 관련 승인도면(도면을 승인한 대행검사기관에 신청하는 경우에는 생략한다)

3. 어선개조허가서 또는 어선개조발주허가서(어선의 개조허가 또는 개조발주허가를 받은 경우에 한정한다)

③ 제1항에 따른 개조 또는 수리를 하는 어선소유자는 해당 설비에 대하여 개조 또는 수리를 시작했을 때부터 임시검사를 받아야 한다. 〈개정 2020. 9. 3.〉

④ 어선소유자는 제1항제14호에 따라 지정된 임시검사의 시기를 앞당겨 받을 수 있다.

⑤ 해양수산부장관은 제3항에 따른 임시검사에 합격한 어선에 대하여 제63조제1항제1호에 따른 어선검사증서의 뒤쪽에 다음 검사시기와 검사종류를 적어야 한다. 〈개정 2013. 3. 24.〉

⑥ 어선소유자는 정기검사 또는 중간검사를 받을 때에 임시검사사항이 포함되는 경우에는 별도의 임시검사를 받지 아니한다.

[본조신설 2009. 12. 14.]

제48조(임시항행검사) ① 법 제21조제1항제5호에 따라 어선소유자가 임시항행검사를 받아야 하는 경우는 다음 각 호와 같다. 〈개정 2020. 9. 3.〉

1. 총톤수의 측정 또는 재측정을 받을 장소로 항행하려는 경우
2. 어선검사를 받기 위하여 시운전을 하려는 경우
3. 그 밖에 어선검사증서의 효력이 상실되었거나 어선검사증서를 발급받기 전에 부득이한 사정으로 임시로 항행하려는 경우

② 법 제21조제1항제5호에 따라 임시항행검사를 받으려는 어선소유자는 별지 제40호서식의 어선검사신청서에 해당 어선의 운항계획서를 첨부하여 해양수산부장관에게 제출하여야 한다. 〈개정 2013. 3. 24.〉

③ 해양수산부장관은 제2항에 따른 신청이 있는 때에는 법 제3조제8호 · 제9호 · 제11호의 설비와 해당 어선의 감항성에 대하여 검사한다. 〈개정 2013. 3. 24.〉

④ 해양수산부장관은 제3항에 따른 검사에 합격한 경우에는 어선의 항행에 필요한 기간을 정하여 제63조제1항제3호에 따른 임시항행검사증서를 발급한다. 〈개정 2013. 3. 24.〉

[본조신설 2009. 12. 14.]

제49조(어선의 검사 면제 등) ① 법 제21조제1항 각 호 외의 부분 단서에 따라 어선의 검사가 면제되는 어선은 다음 각 호와 같다. 다만, 제46조제1항에 따른 특별검사의 사유가 발생하여 어선소유자가 특별검사를 신청하거나 제47조제1항제6호에 따라 어선검사증서에 적힌 내용을 변경하기 위하여 어선소유자가 임시검사를 신청한 경우에

는 해당 검사를 받을 수 있다. 〈개정 2012. 3. 16., 2013. 3. 24.〉

1. 총톤수 5톤 미만의 무동력어선

2. 「내수면어업법」 제6조, 제9조 또는 제11조에 따른 면허어업, 허가어업 또는 신고어업에 사용되는 어선으로 최초의 정기검사를 받은 어선

3. 어선검사증서를 발급받은 자가 일정기간 동안 운항하지 아니할 목적으로 그 증서를 해양수산부장관에게 반납한 후 해당 어선을 계류(이하 "계선"이라 한다)한 어선

② 제1항제3호에 따른 계선을 하려는 어선소유자는 계선기간 및 계선사유 등을 기재한 별지 제42호서식의 계선사유서에 해당 어선의 어선검사증서를 첨부하여 해양수산부장관에게 제출하여야 한다. 〈개정 2013. 3. 24.〉

③ 제2항에 따른 계선기간은 2년 이내로 하되, 그 기간이 끝난 경우 1년 단위로 연장할 수 있다.

④ 계선한 어선이 제2항에 따른 계선사유가 없어진 경우에 해당 어선을 항행에 재사용하려는 자는 다음 각 호의 검사를 받아야 한다.

1. 어선검사증서의 유효기간이 끝난 경우: 정기검사

2. 어선검사증서의 유효기간이 끝나지 아니한 경우

가. 중간검사와 정기검사가 겹치는 경우에는 정기검사

나. 제1종 중간검사와 제2종 중간검사가 겹치는 경우에는 제1종 중간검사

[본조신설 2009. 12. 14.]

제50조(건조검사) ① 법 제22조제1항에 따라 건조검사를 받으려는 자는 별지 제43호서식의 건조 검사신청서에 다음 각 호의 서류를

첨부하여 어선의 건조를 시작하기 전에 해양수산부장관에게 제출하여야 한다. 다만, 제2호부터 제4호까지의 서류는 해당되는 경우에만 첨부한다. 〈개정 2013. 3. 24.〉

1. 건조검사 관련 승인도면(도면을 승인한 대행검사기관에 건조검사를 신청하는 경우에는 생략한다)

2. 법 제27조제1항제5호에 따른 어선용품의 예비검사증서

3. 법 제27조제1항제6호에 따른 어선용품의 검정증서

4. 법 제27조제1항제7호에 따른 어선용품의 건조 · 제조확인증 또는 정비확인증

② 제1항에 따른 건조검사 시 수행하는 선체 압력시험방법은 별표 2와 같다.

[본조신설 2009. 12. 14.]

제51조(건조검사의 면제) 법 제22조제1항 단서에 따라 건조검사를 면제할 수 있는 경우는 다음 각 호와 같다. 〈개정 2013. 3. 24.〉

1. 무동력어선

2. 「내수면어업법」 제6조, 제9조 또는 제11조에 따른 면허어업, 허가어업 또는 신고어업에 사용되는 어선

3. 배의 길이 24미터 미만의 목선

4. 외국의 조선소에서 건조하는 어선으로서 해양수산부장관이 고시하는 외국정부 또는 국내외의 공인된 선박검사기관에서 건조검사에 준하는 검사를 받은 어선

[본조신설 2009. 12. 14.]

제52조(예비검사) ① 법 제22조제3항에서 “해양수산부령으로 정하는 어선용품”이란 별표 3의 어선용품을 말한다. 〈개정 2013. 3. 24.〉

② 제1항에 따른 어선용품에 대하여 예비검사를 받으려는 자는 별지 제44호서식의 예비검사신청서에 예비검사 관련 승인도면(제조·개조 또는 수입의 경우에 한정하며, 도면승인을 한 대행검사기관에 예비검사를 신청하는 경우에는 생략한다)을 첨부하여 해양수산부장관에게 제출하여야 한다. 〈개정 2013. 3. 24.〉

③ 제2항에 따른 예비검사는 해당 어선용품에 대하여 제조·개조·수리 또는 정비를 시작했을 때부터 해양수산부장관이 정하여 고시하는 기준에 따라 해양수산부장관의 검사를 받아야 한다. 이 경우 어선용품 중 팽창식 구명설비의 수리 또는 정비에 따른 예비검사인 경우에는 해양수산부장관의 확인을 받은 곳 또는 「선박안전법 시행규칙」 제54조제4항에 따라 팽창식구명설비정비시설등확인서를 발급받은 곳에서 수리 또는 정비를 시작했을 때부터 검사를 받아야 한다. 〈개정 2013. 3. 24., 2020. 9. 3.〉

④ 제3항 후단에 따라 해양수산부장관의 확인을 받으려는 자는 별표 4의 팽창식 구명설비의 수리 또는 정비에 따른 시설 등의 기준에 맞는 시설 등을 갖추고 별지 제45호서식의 팽창식 구명설비 정비시설 등 확인신청서에 다음 각 호의 서류를 첨부하여 해양수산부장관에게 제출하여야 한다. 〈개정 2013. 3. 24.〉

1. 시설명세서

2. 별표 4 제2호가목에 따른 정비기술자의 요건에 적합함을 증명하는 서류

3. 별표 4 제4호에 따른 자체 정비기준

⑤ 해양수산부장관은 제4항에 따른 확인신청을 받은 경우 팽창식 구명설비 정비시설 등이 별표 4의 기준에 적합하다고 인정되면 별

지 제46호서식의 팽창식 구명설비 정비시설 등 확인서를 발급하고 이를 고시한다. 〈개정 2013. 3. 24.〉

⑥ 제3항 후단에 따른 팽창식 구명설비의 수리 또는 정비에 따른 예비검사인 경우에는 예비검사증서의 발급에 갈음하여 정비기록부에 선박검사원이 서명하는 것으로 대신할 수 있다.

⑦ 해양수산부장관은 제3항에 따라 예비검사에 합격한 어선용품에 대하여는 제65조에 따른 예비검사 합격증인을 표시하여야 한다. 〈개정 2013. 3. 24.〉

[본조신설 2009. 12. 14.]

제53조(별도건조검사) ① 법 제22조제6항에 따라 별도건조검사를 받으려는 자는 별지 제43호서식의 별도건조검사신청서에 별도건조검사를 받기 위하여 승인받은 도면(도면을 승인한 대행검사기관에 신청하는 경우에는 생략한다)을 첨부하여 해양수산부장관에게 제출하여야 한다. 〈개정 2013. 3. 24.〉

② 제1항에 따른 별도건조검사는 법 제22조제1항에 따른 어선의 설비와 만재흘수선으로 하되, 선체 압력시험방법은 별표 5와 같다.

③ 해양수산부장관은 제1항의 신청이 있는 때에는 해당 설비에 대하여 검사하고, 검사에 합격한 경우에는 별지 제47호서식의 별도건조검사증서를 발급하여야 한다. 〈개정 2013. 3. 24.〉

[본조신설 2009. 12. 14.]

제54조(도면의 승인 등) ① 법 제37조제2항에 따라 준용하는 「선박안전법」 제13조제1항에 따라 어선의 도면에 대하여 승인 또는 변경승인을 받으려는 자는 별지 제48호서식의 도면승인(변경)신청서에 별표 6에서 정한 해당 어선의 검사종류별 관련 도면 3부를 첨부하

여 해양수산부장관에게 제출하여야 한다. 다만, 다음 각 호의 어느 하나에 해당하는 경우에는 도면의 승인을 생략할 수 있다. 〈개정 2013. 3. 24., 2023. 12. 18.〉

1. 최초 도면의 승인을 받은 후 변경이 없는 경우의 도면

2. 같은 조선소에서 같은 내용으로 승인된 도면에 따라 건조되는 같은 형태의 후속 어선의 도면

3. 대행검사기관을 변경하여 검사를 받으려는 어선의 기존 도면. 다만, 기존 도면이 해당 어선과 같지 아니하거나 변경된 경우에는 그러하지 아니하다.

4. 해당 대행검사기관에서 설계하거나 설계 감리한 도면

5. 제51조제1호부터 제3호까지 해당하는 어선의 도면

6. 법 제33조에 따라 해양수산부장관이 개발하여 고시하는 표준 어선형의 도면

② 해양수산부장관은 제1항에 따라 승인 또는 변경승인 신청을 받은 도면이 법 제3조 및 제4조제1항에 따라 해양수산부장관이 정하여 고시하는 기준에 적합한 경우에는 이를 승인하고, 별표 7의 증인을 해당 도면의 적절한 곳에 표시하여야 한다. 〈개정 2018. 5. 1.〉

③ 법 제37조제2항에 따라 준용하는 「선박안전법」 제13조제4항에 따라 배의 길이 24미터 이상의 어선은 승인받은 도면을 선장이나 어선원이 즉시 꺼내어 확인할 수 있는 어선내의 적당한 장소에 갖추어 두어야 한다. 다만, 어선내의 장소가 좁아 도면을 갖추어 둘 수 없는 어선으로서 어선소유자, 공단 또는 선급법인을 통하여 도면을 공급받을 수 있는 경우에는 그러하지 아니하다.

[본조신설 2009. 12. 14.]

제55조(검사의 준비 등) ① 법 제37조제2항에 따라 준용하는 「선박안전법」 제14조제1항에 따른 해당 어선의 검사종류별 준비사항은 다음 각 호와 같다.

1. 정기검사 준비사항: 별표 8
2. 중간검사 준비사항: 별표 9
3. 특별검사 준비사항: 별표 8 중 해당 설비
4. 임시검사 준비사항: 별표 8 중 해당 설비
5. 임시항행검사 준비사항: 별표 10
6. 건조검사 준비사항: 별표 11
7. 별도건조검사 준비사항: 별표 12
8. 예비검사 준비사항: 별표 13

② 법 제37조제2항에 따라 준용하는 「선박안전법」 제14조제3항에 따른 선체두께의 측정은 강선으로서 배의 길이 24미터 이상인 어선에 대하여 다음 각 호의 구분에 따라 측정한다. 〈개정 2012. 3. 16., 2018. 5. 1.〉

1. 선령 10년 이상 30년 미만인 경우: 정기검사 시에 측정
2. 선령 30년 이상인 경우: 정기검사 시와 제1종 중간검사 시에 각각 측정

③ 제2항에 따른 선체두께 측정범위 및 측정방법 등은 별표 14와 같다. 〈신설 2012. 3. 16.〉

[본조신설 2009. 12. 14.]

제56조(검사의 준비 및 서류제출의 완화 등) ① 법 제37조제2항에 따라 준용하는 「선박안전법」 제14조제2항에 따라 정기검사나 중간

검사에서 해당 정기검사일이나 중간검사일 전 6개월 이내에 부분적인 수리나 정비를 하고 임시검사에 합격한 사항에 대하여는 제55조제1항제1호 및 제2호에 따른 검사의 준비를 면제할 수 있다. 〈개정 2018. 5. 1.〉

② 법 제37조제2항에 따라 준용하는 「선박안전법」 제14조제2항에 따라 제49조제1항제2호에 따른 최초의 정기검사를 받는 어선에 대하여는 별표 8의 제2호자목(효력시험에 한정한다), 제4호다목 및 제7호다목(구명설비의 현상검사에 한정한다) 외의 검사준비를 면제한다. 〈개정 2018. 5. 1.〉

③ 법 제37조제2항에 따라 준용하는 「선박안전법」 제14조제2항에 따라 선령 15년 미만의 어선에 대하여는 별표 9 제1호가목의 선체에 관한 준비사항 중 별표 8 제1호가목의 선체에 대한 입거(入渠) 또는 상가(上架) 준비를 수중검사 준비로 갈음할 수 있고, 별표 8 제1호나목부터 라목까지 및 제3호나목의 준비를 면제할 수 있다. 〈개정 2014. 12. 31., 2018. 5. 1.〉

④ 해양수산부장관은 제3항에 따른 수중검사 결과 부식 또는 손상 등으로 인하여 입거 또는 상가가 필요하다고 판단되는 경우에는 입거 또는 상가를 하게 할 수 있다. 〈개정 2013. 3. 24.〉

⑤ 제3항에 따른 수중검사준비와 그 검사방법 등은 별표 15와 같다.

⑥ 법 제37조제2항에 따라 준용하는 「선박안전법」 제14조제2항에 따라 제1항부터 제5항까지의 규정 외의 검사준비 및 서류제출 등에 대하여는 별표 16과 같이 완화하거나 면제할 수 있다. 〈개정 2018. 5. 1.〉

[본조신설 2009. 12. 14.]

제57조(어선검사사항의 통지) 해양수산부장관은 법 제21조에 따른 어선의 검사를 실시할 때 등록사항에 변경이 생기는 검사사항이 있는 경우에는 그 내용을 지체 없이 해당 어선의 선적항을 관할하는 시장·군수·구청장에게 알려야 한다. 〈개정 2013. 3. 24.〉

[본조신설 2009. 12. 14.]

제58조(어선 검사 등의 참여) ① 어선의 검사 및 검정·확인을 받으려는 자 또는 그의 대리인은 어선의 검사 등을 하는 현장에 함께 참여하여야 한다.

② 제1항에 따라 어선의 검사 등에 참여한 자는 검사 및 검정·확인에 필요한 협조를 하여야 한다.

[본조신설 2009. 12. 14.]

제59조(형식승인의 신청 등) ① 법 제24조제1항에 따라 형식승인을 받으려는 자는 별지 제49호서식의 형식승인(형식승인사항 변경승인) 신청서(전자문서로 된 신청서를 포함한다)에 형식승인에 필요한 서류를 첨부하여 해양수산부장관에게 제출하여야 한다. 〈개정 2012. 6. 7., 2013. 3. 24.〉

② 법 제24조제1항 후단에 따른 형식승인 시험의 기준, 절차 등에 관한 사항은 해양수산부장관이 정하여 고시한다. 〈개정 2013. 3. 24.〉

③ 해양수산부장관은 제1항에 따른 신청을 받은 때에는 제출한 형식승인에 필요한 관련 서류(전자문서를 포함한다)를 확인하고, 이상이 없는 경우에는 별지 제50호서식의 형식승인증서를 신청인에게 발급하여야 한다. 〈개정 2013. 3. 24.〉

[본조신설 2009. 12. 14.]

제59조의2(검정의 신청 등) ① 법 제24조제1항에 따라 검정을 받으려는 자는 해당 형식승인대상물건에 다음 각 호의 사항을 표시(크기나 모양을 고려하여 표시할 수 없는 경우는 제외한다)하고 별지 제51호서식의 검정신청서를 해양수산부장관에게 제출하여야 한다. 〈개정 2013. 3. 24.〉

1. 형식승인 품명 · 형식 및 규격(규격이 있는 경우에만 표시한다)
2. 형식승인증서번호와 형식승인일자
3. 제조번호와 제조일자

② 법 제24조제1항에 따른 검정기준에 관한 사항은 해양수산부장관이 정하여 고시한다. 〈개정 2013. 3. 24.〉

③ 해양수산부장관은 제1항에 따른 신청을 받은 경우에는 해당 형식승인대상물건이 형식승인을 받은 제조공정, 부품, 자재 및 각 부품의 시험성적서를 확인하여 제조사양서대로 제조되었는지와 제2항에 따른 검정기준에 적합한지 여부를 확인하여야 하며, 이에 합격한 경우에는 해당 형식승인대상물건에 제65조에 따른 검정 합격증인을 표시하여야 한다. 〈개정 2013. 3. 24.〉

[본조신설 2009. 12. 14.]

제59조의3(형식승인의 변경 신청 등) ① 법 제24조제2항에 따라 형식승인을 받은 내용을 변경하려는 경우에는 별지 제49호서식의 형식승인(형식승인사항 변경승인)신청서에 변경내용을 적은 서류(성능에 영향을 미치지 아니하는 경우로 한정한다)를 첨부하여 해양수산부장관에게 제출하여야 한다. 〈개정 2012. 6. 7., 2013. 3. 24.〉

② 해양수산부장관은 제1항에 따른 형식승인사항 변경승인 신청을 받은 때에는 형식승인에 필요한 관련 서류(전자문서를 포함한다)를

확인하고 이상이 없는 경우에는 별지 제53호서식의 형식승인사항 변경승인서를 신청인에게 발급하여야 한다. 〈개정 2013. 3. 24.〉

[본조신설 2009. 12. 14.]

제59조의4(형식승인의 취소 등) ① 법 제24조의2제1항에 따른 형식승인의 취소 또는 효력정지 처분의 기준은 별표 16의2와 같다.

② 해양수산부장관은 법 제24조의2제1항에 따라 형식승인의 취소 또는 효력정지 처분을 한 경우에는 지체 없이 그 사실을 고시하여야 한다.

[전문개정 2018. 5. 1.]

제59조의5(형식승인시험기관의 지정신청 등) ① 법 제24조의3제1항에 따른 형식승인시험기관(이하 "형식승인시험기관"이라 한다)으로 지정받으려는 자는 별지 제53호의2서식의 형식승인시험기관 지정신청서(전자문서로 된 신청서를 포함한다)에 다음 각 호의 서류(전자문서를 포함한다)를 첨부하여 해양수산부장관에게 제출하여야 한다.

1. 기관의 연혁, 설립 목적, 주요 기능 및 조직에 관한 사항을 적은 서류

2. 법 제24조제1항 후단 및 제2항 후단에 따른 형식승인시험(이하 "형식승인시험"이라 한다)에 종사할 인원 및 그 자격을 적은 서류와 그 증빙서류(해당 시험업무에 종사가 가능함을 증명하는 서류를 말한다)

3. 형식승인시험에 필요한 시설과 장비(「국가표준기본법」 또는 「계량에 관한 법률」에 따라 교정·검정을 받은 기기를 포함한다. 이하 이 조에서 같다)의 목록, 사양서 및 교정·검정을 받은 기기의 관리계획서

4. 시험·검사기관 인정서[「어선법 시행령」(이하 "영"이라 한다) 제4조의2제1항제4호의 경우에 한정한다]

5. 다음 각 목의 사항이 포함된 시설·장비이용계획서

가. 영 제4조의2제2항제1호의 경우

1) 시설 또는 장비의 임차 사유

2) 임차하려는 시설 또는 장비의 종류

3) 임차하려는 시설의 소재지 또는 장비의 제조자의 명칭 및 주요 기능에 관한 사항

나. 영 제4조의2제2항제2호의 경우

1) 다른 시험기관에의 의뢰 사유

2) 의뢰하려는 시험항목

3) 의뢰하려는 다른 시험기관의 명칭, 소재지 및 주요 업무에 관한 사항

6. 제59조의6제2항에 따른 지정기준 인정서(해당하는 경우에 한정한다)

② 해양수산부장관은 제1항에 따른 신청을 받은 경우 영 제4조의2에 따른 지정기준에 적합하다고 인정되는 경우에는 별지 제53호의3서식의 형식승인시험기관 지정서를 신청인에게 발급하여야 한다. 이 경우 해당 시험기관의 시험능력 등을 고려하여 일부 시험항목에 한정하여 지정할 수 있다.

③ 해양수산부장관은 제2항에 따라 형식승인시험기관을 지정한 경우에는 이를 고시하여야 한다.

④ 형식승인시험기관은 영 제4조의2에 따른 지정기준에 관한 사항 또는 제2항 후단에 따른 시험항목을 변경하려는 경우에는 그 변경

내용 및 사유에 관한 서류를 해양수산부장관에게 제출하여야 한다.

⑤ 해양수산부장관은 제4항에 따른 서류를 제출받은 경우 영 제4조의2에 따른 지정기준에의 적합 여부를 확인하여야 한다.

[본조신설 2018. 5. 1.]

[종전 제59조의5는 제60조의2로 이동 〈2018. 5. 1.〉]

제59조의6(형식승인시험기관의 지정기준의 인정) ① 영 제4조의2제2항에 따라 형식승인시험기관의 지정기준을 갖춘 것으로 인정받으려는 자는 별지 제53호의4서식의 지정기준 인정신청서(전자문서로 된 신청서를 포함한다)에 다음 각 호의 서류(전자문서를 포함한다)를 첨부하여 해양수산부장관에게 제출하여야 한다.

1. 영 제4조의2제2항제1호의 경우: 임차하려는 시설 또는 장비가 해당 형식승인시험에 적합함을 증명하는 서류

2. 영 제4조의2제2항제2호의 경우: 의뢰하려는 시험기관이 해당 형식승인시험에 필요한 시설·장비 및 인력을 갖추었음을 증명하는 서류

② 해양수산부장관은 제1항에 따른 신청을 받은 경우에 해당 시설 또는 장비 및 시험능력 등을 고려하여 타당하다고 인정되면 별지 제53호의5서식의 지정기준 인정서를 발급하여야 한다.

[본조신설 2018. 5. 1.]

[종전 제59조의6은 제60조의3으로 이동 〈2018. 5. 1.〉]

제59조의7(형식승인시험기관의 지정 취소 등) ① 법 제24조의3제2항에 따른 형식승인시험기관의 지정 취소 및 효력정지 처분의 기준은 별표 16의2와 같다.

② 해양수산부장관은 법 제24조의3제2항에 따라 형식승인시험기

관에 대한 지정 취소 또는 효력정지 처분을 한 경우에는 지체 없이 그 사실을 고시하여야 한다.

[본조신설 2018. 5. 1.]

[종전 제59조의7은 제60조의4로 이동 〈2018. 5. 1.〉]

제60조(지정사업장의 지정기준 등) 법 제25조제1항에 따른 지정건조사업장ㆍ지정제조사업장 또는 지정정비사업장(이하 "지정사업장"이라 한다)으로 지정받을 수 있는 어선, 어선의 설비 또는 어선용품(이하 "지정대상물건"이라 한다)의 범위, 지정사업장의 지정을 받으려는 자가 갖추어야 할 시설, 설비, 인원 등 지정사업장의 지정에 관한 기준은 별표 17과 같다.

[전문개정 2018. 5. 1.]

제60조의2(지정사업장의 지정 등) ① 법 제25조제1항에 따라 지정사업장의 지정을 받으려는 자는 별지 제54호서식의 지정사업장 지정신청서에 다음 각 호의 서류를 첨부하여 해양수산부장관에게 제출하여야 한다. 〈개정 2013. 3. 24., 2018. 5. 1.〉

1. 사업장의 연혁ㆍ조직 및 업무분장의 개요
2. 제60조에 따른 기준에 적합함을 증명하는 서류
3. 다음 각 목의 요건이 포함된 지정대상물건의 건조ㆍ제조에 관한 규정(지정건조사업장 또는 지정제조사업장의 지정을 받으려는 자로 한정하고, 이하 "건조ㆍ제조규정"이라 한다)

가. 지정대상물건의 구조

나. 지정대상물건의 성능 및 주된 재료

다. 건조ㆍ제조공정

라. 품질관리

마. 시험과 검사체계

4. 다음 각 목의 요건이 포함된 지정대상물건의 정비에 관한 규정(지정정비사업장의 지정을 받으려는 자로 한정하며, 이하 "정비규정"이라 한다)

가. 분해 및 조립방법과 사용공구

나. 부품 또는 부재별 점검 및 정비방법

다. 부품 또는 부재별 사용시간과 손상정도 등에 따른 사용한도의 판정기준

라. 조립 후의 조정방법

5. 지정대상물건에 대한 자체검사기준

② 해양수산부장관은 제1항에 따른 신청을 받은 때에는 해당 사업장이 제60조에 따른 지정기준에 적합한지의 여부를 서류와 현장심사(이미 지정받은 품목과 같은 품목인 경우에는 현장심사를 생략한다)를 통하여 확인하고, 건조·제조규정 또는 정비규정이 지정기준에 적합한 경우에는 이를 승인하며, 해당 사업장이 건조·제조 또는 정비능력이 있다고 인정되는 경우에는 별지 제55호서식의 지정사업장 지정서를 신청인에게 발급하여야 한다. 〈개정 2013. 3. 24., 2018. 5. 1.〉

③ 해양수산부장관은 제2항에 따른 확인을 위하여 필요한 경우에는 관련 분야 전문가의 의견을 들을 수 있다. 〈개정 2013. 3. 24.〉

④ 해양수산부장관은 제2항에 따라 지정사업장을 지정한 때에는 그 지정 사실을 고시하여야 한다. 〈개정 2013. 3. 24., 2018. 5. 1.〉

[본조신설 2009. 12. 14.]

[제목개정 2018. 5. 1.]

[제59조의5에서 이동 〈2018. 5. 1.〉]

제60조의3(지정받은 사항의 변경) ① 법 제25조제1항에 따라 지정사업장의 지정을 받은 자가 제60조의2제2항에 따라 확인받은 내용을 변경하려는 경우에는 별지 제54호서식의 지정사업장 지정(변경) 신청서에 다음 각 호의 서류를 첨부하여 해양수산부장관에게 제출하여야 한다. 〈개정 2013. 3. 24., 2018. 5. 1.〉

1. 변경내용 및 사유를 적은 서류
2. 지정사업장 지정서

② 해양수산부장관은 제1항에 따른 변경내용 및 사유가 지정사업장의 지정기준에 적합한지의 여부를 검토하고 이에 적합한 경우에는 변경사항을 반영하여 별지 제55호서식의 지정사업장 지정서를 신청인에게 발급하여야 한다. 〈개정 2013. 3. 24., 2018. 5. 1.〉

[본조신설 2009. 12. 14.]

[제59조의6에서 이동 〈2018. 5. 1.〉]

제60조의4(지정대상물건의 확인 방법 및 절차) ① 법 제25조제3항 및 제4항에 따라 다음 각 호의 지정대상물건과 지정사업장으로 지정받은 자가 해양수산부장관의 확인을 받으려는 지정대상물건에 대해서는 해양수산부장관이 직접 확인하고, 그 외의 지정대상물건에 대해서는 지정사업장에서 자체검사를 실시하여 확인하여야 한다. 〈개정 2013. 3. 24., 2018. 5. 1.〉

1. 지정건조사업장의 경우: 소형어선의 선체로서 다음 각 목에 해당하는 것

가. 강화플라스틱제 선체

나. 알루미늄합금제 선체

2. 지정제조사업장의 경우: 연속최대출력 600마력 미만의 내연기관

3. 지정정비사업장의 경우: 연속최대출력 600마력 미만의 내연기관

② 제1항에 따라 해양수산부장관의 확인을 받으려는 자는 해당 지정대상물건에 다음 각 호의 사항을 표시(크기 또는 모양을 고려하여 표시할 수 없는 경우는 제외한다)하고, 별지 제56호서식의 확인 신청서를 해양수산부장관에게 제출하여야 한다. 〈개정 2013. 3. 24., 2018. 5. 1.〉

1. 지정사업장의 명칭, 지정번호 및 지정일자

2. 지정 품명 · 형식 및 규격(규격이 있는 경우에만 표시한다)

3. 건조 · 제조 또는 정비일자

4. 건조 · 제조번호 또는 정비번호

③ 해양수산부장관은 제2항에 따른 신청을 받은 때에는 해당 지정대상물건이 제60조의2제2항에 따른 승인된 건조 · 제조규정 또는 정비규정에 적합하게 건조 · 제조 또는 정비되었는지 여부를 확인하여야 하며, 이에 합격한 경우에는 해당 지정대상물건에 제65조에 따른 확인 합격증인을 표시하여야 한다. 〈개정 2013. 3. 24., 2018. 5. 1.〉

④ 제1항에 따라 자체검사를 실시하는 지정사업장은 해당 지정대상물건이 제60조의2제2항에 따른 승인된 건조 · 제조 또는 정비규정에 적합하게 건조 · 제조 또는 정비되었는지 여부를 확인하여야 하며, 이에 합격한 경우에는 별지 제57호서식의 자체검사합격증서를 발급하고, 해당 지정대상물건에는 별표 18의 자체검사 합격표시를 하여야 한다. 〈개정 2018. 5. 1.〉

[본조신설 2009. 12. 14.]

[제59조의7에서 이동 〈2018. 5. 1.〉]

제60조의5(지정사업장의 지정 취소 등) ① 법 제26조제1항에 따른 지정사업장의 지정 취소 및 효력정지 처분의 기준은 별표 18의2와 같다.

② 해양수산부장관은 제1항에 따라 지정 취소 또는 효력정지 처분을 한 경우에는 지체 없이 그 사실을 고시하여야 한다.

[본조신설 2018. 5. 1.]

제60조의6(지도 · 감독) 해양수산부장관은 지정사업장에 대하여 필요하다고 인정하는 경우에는 지정대상물건의 건조 · 제조 또는 정비에 관한 사항을 지도 · 감독할 수 있다. 〈개정 2013. 3. 24., 2018. 5. 1.〉

[본조신설 2009. 12. 14.]

[제59조의8에서 이동 〈2018. 5. 1.〉]

제61조(하역설비의 확인 등) ① 법 제26조의2제1항에 따라 하역설비의 제한하중등에 대하여 확인을 받아야 하는 자는 하역장비의 종류별로 다음 각 호의 구분에 따른 제한하중등에 대하여 별지 제58호서식의 제한하중등 확인신청서를 해양수산부장관에게 제출해야 한다. 〈개정 2013. 3. 24., 2018. 5. 1., 2020. 9. 3.〉

1. 데릭(Derrick)장치: 제한하중 및 제한각도

2. 지브크레인(Jib Crane): 제한하중 및 제한반지름

3. 그 밖의 하역장치: 제한하중

4. 하역장치에 처음으로 사용되는 하역장구와 용접 등에 의하여 수리를 한 하역장구: 제한하중

② 해양수산부장관은 제1항에 따른 확인 신청을 받은 경우 제한하중등이 별표 19에 따른 기준에 적합하다고 인정되면 별지 제59호서식의 제한하중등 확인증을 발급하여야 한다. 〈개정 2018. 5. 1.〉

③ 어선소유자는 제2항에 따른 제한하중등 확인증을 어선에 갖추어두고, 제한하중등의 표시를 하역설비의 잘 보이는 곳에 금속제 판 또는 용접 등 항구적인 방법으로 하여야 한다. 〈신설 2018. 5. 1.〉

④ 해양수산부장관은 법 제26조의2제2항에 따라 같은 조 제1항에 따른 하역설비에 대하여 정기검사 또는 중간검사를 한 경우에는 별지 제60호서식의 하역설비검사기록부를 작성하여 어선소유자에게 내주어야 한다. 〈신설 2018. 5. 1.〉

⑤ 어선소유자는 제4항에 따른 하역설비검사기록부를 어선에 갖추어 두어야 한다. 〈신설 2018. 5. 1.〉

[본조신설 2009. 12. 14.]

[제목개정 2018. 5. 1.]

제62조 삭제 〈2018. 5. 1.〉

제3절 어선검사증서 등 〈신설 2009. 12. 14.〉

제63조(검사증서의 서식 등) ① 법 제27조제1항에 따른 검사증서, 검정증서, 건조ㆍ제조ㆍ정비확인증 및 제한하중등 확인증 등의 서식은 다음 각 호와 같다. 〈개정 2018. 5. 1.〉

1. 법 제27조제1항제1호 및 제1호의2에 따른 어선검사증서
   가. 배의 길이 24미터 미만인 어선: 별지 제61호서식
   나. 배의 길이 24미터 이상인 어선: 별지 제62호서식
2. 법 제27조제1항제2호에 따른 어선특별검사증서: 별지 제63호서식
3. 법 제27조제1항제3호에 따른 임시항행검사증서: 별지 제64호서식

4. 법 제27조제1항제4호에 따른 건조검사증서: 별지 제65호서식

5. 법 제27조제1항제5호에 따른 예비검사증서: 별지 제66호서식

5의2. 법 제27조제1항제5호의2에 따른 별도건조검사증서: 별지 제47호서식

6. 법 제27조제1항제6호에 따른 검정증서: 별지 제67호서식

7. 법 제27조제1항제7호에 따른 건조(제조 · 정비)확인증: 별지 제68호서식

8. 법 제27조제1항제8호에 따른 제한하중등 확인증: 별지 제59호서식

② 제1항에 따른 검사증서, 검정증서, 건조 · 제조 · 정비확인증 및 제한하중등 확인증에 대하여 대행검사기관이 발급하는 경우에는 대한민국 정부의 권한을 위임받아 발급한다는 사실을 나타내야 한다. 〈개정 2018. 5. 1.〉

③ 제1항 각 호에 해당하는 검사증서, 검정증서 및 확인증은 해양수산부장관이 정하여 고시하는 바에 따라 전자적 형태의 증서로 발급할 수 있다. 〈신설 2023. 12. 18.〉

[본조신설 2009. 12. 14.]

제64조(어선검사증서의 기재사항 등) ① 법 제27조제1항제1호에 따른 어선검사증서에 기재하는 최대승선인원과 만재흘수선의 표시 위치는 해양수산부장관이 정하여 고시하는 기준에 따른다. 〈개정 2013. 3. 24., 2018. 5. 1.〉

② 제1항에 따른 최대승선인원은 어선원과 다음 각 호의 어느 하나에 해당하는 사람 등 어선에 일시적으로 승선하는 어선원 외의 사람으로 구분하여 기재한다. 이 경우 해양사고 또는 그 밖의 부득

이한 사유로 인하여 승선하는 사람은 최대승선인원의 산정에서 제외한다. 〈개정 2013. 10. 30., 2014. 12. 31., 2020. 9. 3., 2023. 2. 3., 2023. 12. 18.〉

1. 어선원의 가족

2. 어선소유자(어선관리인 및 어선임차인을 포함한다) 및 어선회사의 소속 직원과 어선수리 작업원

3. 시험 · 조사 · 지도 · 단속 · 점검 · 교습 등에 관한 업무에 사용되는 어선에 해당 업무를 수행하기 위하여 승선하는 사람

4. 세관공무원, 검역공무원, 도선사 등으로서 어선원의 업무 외의 업무를 하는 사람

5. 「낚시 관리 및 육성법」 제25조에 따른 낚시어선에 승선하는 낚시승객

6. 「수산업법 시행령」 제26조제1항제1호의 나잠어업(裸潛漁業)을 위하여 승선하는 사람

7. 제46조제1항에 따라 특별검사를 받은 어선에 승선하는 어선원 외의 사람

8. 「낚시 관리 및 육성법 시행령」 별표 2 제3호다목에 따른 낚시터 관리선에 승선하는 어선원 외의 사람

9. 「유어장의 지정 및 관리에 관한 규칙」 제5조에 따른 유어장관리선에 승선하는 어선원 외의 사람

10. 「수산자원관리법」 제12조제1항에 따라 어선에 승선하여 포획 · 채취한 수산자원의 종류와 어획량 등을 조사하는 수산자원조사원

11. 수산업 또는 어촌에 관한 언론 보도나 취재를 목적으로 승선하는 사람

③ 해양수산부장관은 어선 항행상의 안전을 확보하기 위하여 특히 필요하다고 인정하는 경우에는 최대승선인원 및 만재흘수선의 표시 위치 외에 해당 어선에 대하여 필요한 항행상의 조건을 부여할 수 있다. 이 경우 해양수산부장관은 이를 어선검사증서에 적어야 한다. 〈개정 2013. 3. 24., 2018. 5. 1.〉

[본조신설 2009. 12. 14.]

제65조(검사증서 등의 합격표시 등) 법 제27조제2항에 따라 검사증서, 검정증서, 건조·제조·정비확인증 및 제한하중등 확인증을 발급하는 경우 해당 어선 또는 어선용품에 표시하는 합격표시 또는 증인은 별표 7에 따른다. 〈개정 2018. 5. 1.〉

[본조신설 2009. 12. 14.]

제66조(어선검사증서 유효기간 계산방법) 법 제28조제2항에 따른 어선검사증서 유효기간의 계산방법은 다음 각 호에 따른 날부터 계산한다.

1. 최초로 정기검사를 받은 경우 해당 어선검사증서를 발급받은 날

2. 어선검사증서의 유효기간이 끝나기 전 3개월이 되는 날 이후에 정기검사를 받은 경우 종전 어선검사증서의 유효기간 만료일의 다음 날

3. 어선검사증서의 유효기간이 끝나기 전 3개월이 되는 날 전에 정기검사를 받은 경우 해당 어선검사증서를 발급받은 날

4. 어선검사증서의 유효기간이 끝난 후에 정기검사를 받은 경우 종전 어선검사증서의 유효기간만료일의 다음 날. 다만, 다음 각 목의 사유로 인하여 종전 어선검사증서의 유효기간 만료일의 다음 날부터 계산하는 것이 부당하다고 인정되는 경우에는 정기검사를 받고

해당 어선검사증서를 발급받은 날부터 계산한다.

가. 계선(제49조제2항에 따라 서류를 제출한 경우로 한정한다)한 경우

나. 1년 이상 어선검사를 받지 아니한 어선을 상속하거나 매수한 경우

다. 어선소유자의 파산 등의 사유로 1년 이상 어선검사를 받지 아니한 경우

[본조신설 2009. 12. 14.]

제67조(어선검사증서 유효기간 연장) ① 법 제28조제3항에 따른 어선검사증서의 유효기간 연장은 다음 각 호의 구분에 따라 한차례만 연장하여야 한다. 다만, 제1호에 해당하는 경우에는 그 연장기간 내에 해당 어선이 검사를 받을 장소에 도착하면 지체 없이 정기검사를 받아야 한다.

1. 해당 어선이 정기검사를 받을 수 없는 장소에 있는 경우: 3개월 이내

2. 해당 어선이 외국에서 정기검사를 받은 경우 등 부득이한 경우로서 새로운 어선검사증서를 즉시 발급할 수 없거나 어선에 갖추어 둘 수 없는 경우: 5개월 이내

② 제1항에 따라 어선검사증서의 유효기간을 연장 받으려는 어선소유자는 별지 제69호서식의 어선검사증서 유효기간 연장신청서에 다음 각 호의 서류를 첨부하여 해양수산부장관에게 제출하여야 한다. 〈개정 2013. 3. 24.〉

1. 어선이 검사받을 장소에 있지 아니하여 검사를 받을 수 없는 경우: 해당 어선의 현재의 위치를 나타내는 서류

2. 새로운 어선검사증서를 어선에 갖추어 둘 수 없는 경우: 현재 갖추고 있는 어선검사증서

③ 해양수산부장관은 제2항에 따른 신청을 받은 경우에는 다음 각 호의 승인서나 증서를 신청인에게 발급하여야 한다. 〈개정 2013. 3. 24.〉

1. 제2항제1호의 경우: 별지 제70호서식의 어선검사증서 유효기간 연장승인서

2. 제2항제2호의 경우: 연장 승인된 유효기간이 적혀 있는 현재의 어선검사증서

[본조신설 2009. 12. 14.]

제68조(검사증서 등의 비치면제) 법 제29조 단서에서 "해양수산부령으로 정하는 어선"이란 다음 각 호의 어선을 말한다. 〈개정 2013. 3. 24., 2020. 8. 28.〉

1. 「내수면어업법」 제6조·제9조 또는 제11조에 따라 면허어업·허가어업 또는 신고어업에 사용하는 어선

2. 「수산업법」 제27조에 따른 어장관리 또는 「양식산업발전법」 제41조에 따른 양식장 관리에 사용하는 총톤수 5톤 미만의 어선

[본조신설 2009. 12. 14.]

제69조(재검사 등) ① 법 제30조제1항에 따라 재검사 등을 신청하려는 자는 별지 제71호서식의 재검사 등 신청서에 그 사유서를 첨부하여 해양수산부장관에게 제출하여야 한다. 〈개정 2013. 3. 24.〉

② 해양수산부장관은 제1항에 따른 신청이 이유 없다고 인정하거나 신청인이 법 제30조제2항에 따른 승인을 받지 아니하고 관계 부분의 원상을 변경한 경우에는 해당 신청을 기각한다. 〈개정 2013.

3. 24.〉

③ 해양수산부장관은 제1항에 따른 신청이 이유 있다고 인정하는 경우에는 소속 공무원으로 하여금 재검사 등을 직접 수행하게 하고, 그 결과를 신청인에게 60일 이내에 알려야 한다. 다만, 부득이한 사정이 있는 경우에는 30일 이내의 범위에서 연기할 수 있다. 〈개정 2013. 3. 24.〉

[본조신설 2009. 12. 14.]

제4장의2 어선 등의 거래 〈신설 2017. 6. 28.〉

제69조의2(어선거래시스템에 포함된 정보의 이용 등) ① 법 제31조제1항에 따른 어선거래시스템을 통하여 어선 및 법 제3조에 따른 어선의 설비(법 제5조에 따른 무선설비를 포함한다. 이하 "어선설비등"이라 한다)의 매매 또는 임대차와 관련한 정보 중 어선소유자 등에 대한 「개인정보 보호법」 제2조제1호에 따른 개인정보가 포함된 정보의 제공을 신청하려는 자는 별지 제71호의2서식의 어선거래정보이용신청서에 해당 신청사항에 대한 설명자료를 첨부하여 공단의 이사장에게 제출하여야 한다.

② 제1항에 따라 신청을 받은 공단의 이사장은 법 제31조제2항 후단에 따른 정보주체의 동의를 받아 다음 각 호의 사항을 심사한 후 그 심사결과를 신청을 받은 날부터 30일 이내에 신청인에게 통보하여야 한다.

1. 신청내용의 타당성ㆍ적합성
2. 개인의 사생활의 비밀 또는 자유의 침해 여부
3. 자료의 목적 외 사용여부 및 안전관리대책

4. 그 밖에 신청내용의 처리가 어선 및 어선설비등의 거래에 지장이 있는지 여부

③ 공단의 이사장은 제2항에 따라 심사를 받은 정보 및 이미 공표된 통계자료 등을 인쇄 또는 정보통신망에의 연결 등으로 제공할 수 있다. 이 경우 제2항에 따라 심사를 받은 정보의 제공은 필요한 최소한의 범위에 한정하여야 하며, 어선원부 또는 그 전산자료를 그대로 복제하여 제공해서는 아니 된다.

④ 공단의 이사장은 제3항에 따라 해당 정보를 제공한 경우에는 그 내용을 별지 제71호의3서식에 따른 어선거래정보이용대장에 기록·관리하여야 한다.

[본조신설 2017. 6. 28.]

제69조의3(데이터베이스 구축 정보) 법 제31조제3항제4호에서 "해양수산부령으로 정하는 정보"란 다음 각 호의 정보를 말한다.

1. 어선 및 어선설비등의 매매 또는 임대차 가격, 매물현황 및 법 제31조의2에 따라 어선중개업의 등록을 한 자(이하 "어선중개업자"라 한다)의 거래현황 등 어선거래에 관한 정보

2. 어선의 사고·수리 이력 및 어업정지 등 행정처분 현황에 관한 정보

3. 어선의 담보·압류 또는 그 해제 및 보험 등에 관한 정보

[본조신설 2017. 6. 28.]

제69조의4(어선중개업 등록의 신청 등) ① 법 제31조의2 각 호 외의 부분 전단에 따라 어선중개업의 등록을 하려는 자는 별지 제71호의4서식의 어선중개업 등록신청서에 다음 각 호의 서류를 첨부하여 어업관리단장에게 제출하여야 한다. 이 경우 신청을 받은 어업관

리단장은 「전자정부법」 제36조제1항에 따른 행정정보의 공동이용을 통하여 법인 등기사항증명서(법인인 경우만 해당한다) 및 「건축법」 제38조제1항에 따른 건축물대장(「건축법」 제20조제5항에 따른 가설건축물대장은 제외하며, 이하 “건축물대장”이라 한다)을 확인하여야 한다. 〈개정 2018. 5. 1.〉

1. 법 제31조의2제2호에 따른 어선 및 어선설비등의 중개에 관한 교육을 이수한 사실을 증명하는 서류(신청일 전 1년 이내에 받은 교육만 해당한다)

2. 법 제31조의9제1항에 따른 보증보험에 가입한 사실을 증명하는 서류

3. 영 제5조에 따른 중개사무소의 확보를 증명하는 서류

4. 반명함판 사진(법인인 경우에는 대표자의 사진만 해당한다)

② 법 제31조의2 각 호 외의 부분 후단에 따라 어선중개업의 변경등록을 하려는 자는 변경사유가 발생한 날부터 30일 이내에 별지 제71호의4서식의 어선중개업 변경등록신청서에 다음 각 호의 서류를 첨부하여 어업관리단장에게 제출하여야 한다. 이 경우 신청을 받은 어업관리단장은 「전자정부법」 제36조제1항에 따른 행정정보의 공동이용을 통하여 법인 등기사항증명서(법인인 경우만 해당한다) 및 건축물대장(중개사무소가 변경된 경우만 해당한다)을 확인하여야 한다.

1. 제3항에 따른 어선중개업 등록증

2. 등록한 사항의 변경을 증명하는 서류

③ 제1항 및 제2항에 따라 어선중개업의 등록 또는 변경등록의 신청을 받은 어업관리단장은 다음 각 호의 어느 하나에 해당하는 경우를 제외하고는 별지 제71호의5서식에 따른 어선중개업 등록증

을 신청인에게 내어 주어야 한다.

1. 법 제31조의2 각 호의 등록요건을 갖추지 못한 경우

2. 법 제31조의3에 따른 결격사유에 해당하는 경우

3. 그 밖에 법 또는 다른 법령에 따른 제한에 위반되는 경우

④ 어업관리단장은 제3항에 따라 어선중개업 등록증을 발급하는 경우에는 별지 제71호의6서식에 따른 어선중개업 등록대장(전자문서를 포함한다)에 기록·관리하여야 한다.

[본조신설 2017. 6. 28.]

제69조의5(어선중개업 교육) ① 법 제31조의2제2호에 따라 어선중개업의 등록을 하려는 자가 이수하여야 하는 교육의 과목, 시간 및 내용은 다음 각 호와 같다.

1. 교육과목(3과목): 어선중개업 제도, 어선중개업 실무, 직업윤리 및 소비자 보호

2. 교육시간: 21시간 이상(등록신청일 전 1년 이내에 받은 교육시간을 말한다)

3. 교육내용: 제1호의 교육과목별로 평가하여 매 과목 40점 이상, 모든 과목 평균 60점 이상 득점하여야 한다. 다만, 평가득점에 미달한 사람에 대해서는 1회에 한하여 다시 평가할 수 있다.

② 법 제31조의7에 따라 어선중개업자는 제1항에 따른 교육을 이수한 후 2년마다 보수 교육을 받아야 한다.

③ 제2항에 따른 보수 교육의 내용 및 시간은 다음 각 호와 같다.

1. 교육내용: 어선중개 관련 법·제도, 어선중개 및 경영 실무, 직업윤리 등

2. 교육시간: 6시간 이상

④ 제1항부터 제3항까지의 규정에 따른 교육을 실시하는 기관, 교육방법 및 교육계획 등 교육에 필요한 사항에 관하여는 해양수산부장관이 정하여 고시한다.

[본조신설 2017. 6. 28.]

제69조의6(행정처분기준) 법 제31조의4제2항에 따른 행정처분의 기준은 별표 19의2와 같다.

[본조신설 2017. 6. 28.]

제69조의7(휴업·폐업 및 재개업 등의 신고) ① 법 제31조의5에 따라 어선중개업자는 같은 조 각 호의 어느 하나에 해당하는 경우에는 별지 제71호의7서식에 따른 휴업·폐업·재개업·휴업연장 신고서에 어선중개업 등록증을 첨부하여 어업관리단장에게 신고해야 한다. 이 경우 법 제31조의5제3호에 따라 재개업 신고를 하는 어선중개업자는 법 제31조의9제1항에 따른 보증보험에 가입한 사실을 증명하는 서류를 첨부해야 한다. 〈개정 2023. 12. 18.〉

② 어업관리단장은 법 제31조의5제3호에 따른 신고를 받은 경우에는 반납받은 어선중개업 등록증을 어선중개업자에게 돌려 주어야 한다.

[본조신설 2017. 6. 28.]

제5장 보칙 〈신설 2017. 6. 28.〉

제70조(어선의 결함신고) ① 법 제37조제2항에 따라 준용하는 「선박안전법」 제74조제1항에 따른 신고는 별지 제72호서식의 어선결함신고서에 결함내용을 적어 해양수산부장관에게 제출하여야 한다. 다만, 긴급한 경우에는 전화 등을 통하여 구두로 신고할 수 있다. 〈개

정 2013. 3. 24.〉

② 해양수산부장관은 제1항에 따른 어선의 결합신고를 받으면 그 신고내용을 별지 제73호서식의 어선결합신고기록부에 적고 그 사실을 확인하여야 한다. 〈개정 2013. 3. 24.〉

③ 해양수산부장관은 어선의 결합신고를 한 자의 신원과 관련된 내용은 별지 제74호서식의 어선결합신고자명부에 적어 「보안업무규정 시행규칙」 제7조제3항에 따른 대외비로 관리하여야 한다. 〈개정 2013. 3. 24.〉

④ 법 제37조제2항에 따라 준용하는 「선박안전법」 제74조제3항에 따라 출항정지를 명하려는 경우에는 해당 어선의 어선소유자에게 별지 제75호서식의 출항정지명령서를 발급하여야 한다.

[본조신설 2009. 12. 14.]

제70조의2(어선중개업자에 대한 지도 · 감독) 해양수산부장관은 법 제37조의2제2항에 따라 소속 공무원으로 하여금 어선중개업자의 어선 및 어선설비등에 대한 매매 또는 임대차의 중개에 대한 사항을 지도 · 감독하게 할 수 있다.

[본조신설 2017. 6. 28.]

제71조(증서등의 재발급 등) ① 제5조제2항에 따른 어선건조(건조발주)허가서 · 어선개조(개조발주)허가서 · 어선건조(건조발주 · 개조 · 개조발주)허가사항변경허가서, 제14조제1항에 따른 어선총톤수측정증명서, 제17조제2항에 따른 국제톤수증서 · 국제톤수확인서, 제18조제2항에 따른 재화중량톤수증서, 제33조에 따른 선박국적증서 · 선적증서 · 등록필증, 제34조제2항에 따른 선박국적증서영역서, 제52조제5항에 따른 팽창식 구명설비 정비시설 등 확인서, 제53조제3항에

따른 별도건조검사증서, 제59조제3항에 따른 형식승인증서, 제59조의3제2항에 따른 형식승인사항 변경승인서, 제60조의2제2항에 따른 지정사업장 지정서, 제63조제1항제1호에 따른 어선검사증서, 제63조제1항제2호에 따른 어선특별검사증서, 제63조제1항제3호에 따른 임시항행검사증서, 제63조제1항제4호에 따른 건조검사증서, 제63조제1항제5호에 따른 예비검사증서, 제63조제1항제6호에 따른 검정증서, 제63조제1항제7호에 따른 건조(제조 · 정비)확인증, 제67조제3항제1호에 따른 어선검사증서 유효기간 연장승인서, 제69조의4제3항에 따른 어선중개업 등록증, 제70조제4항에 따른 출항정지명령서(이하 이 조에서 "증서등"이라 한다)를 잃어버리거나 헐어 못쓰게 되거나 기재사항을 변경하기 위하여 재발급 받으려는 경우에는 별지 제76호 서식의 증서등 재발급신청서(전자문서로 된 신청서를 포함한다)에 다음 각 호의 서류를 첨부하여 해양수산부장관 또는 해당 발급기관의 장에게 제출하여야 한다. 〈개정 2012. 6. 7., 2013. 3. 24., 2017. 6. 28., 2018. 5. 1.〉

1. 삭제 〈2012. 6. 7.〉
2. 헐어서 쓸 수 없게 되었으면 해당 증서등
3. 기재사항을 변경하려면 해당 증서등과 변경내용을 증명하는 서류

② 제1항의 증서등 중 주소나 선명의 변경 등 경미한 변경사유가 있어 증서등을 다시 발급받으려는 자는 별지 제76호서식의 증서등 재발급신청서(전자문서로 된 신청서를 포함한다)에 해당 증서등 및 변경내용을 증명하는 서류를 첨부하여 해양수산부장관 또는 해당 발급기관의 장에게 제출하여야 한다. 다만, 부득이한 사유가 있는 경우에는 재발급을 신청한 후에 증서 등 첨부서류를 제출할 수 있다.

〈개정 2013. 3. 24.〉

③ 해양수산부장관 또는 해당 발급기관의 장은 제1항 및 제2항에 따른 신청을 받으면 해당 증서등을 다시 작성하여 신청인에게 발급하여야 한다. 이 경우 기재사항을 변경하는 경우에는 그 내용을 확인하여야 한다. 〈개정 2013. 3. 24.〉

[본조신설 2009. 12. 14.]

제72조(등록업무 등의 실적통보) ①시장·군수·구청장은 다음 각 호의 사항을 특별시장·광역시장 또는 도지사(이하 "시·도지사"라 한다)에게 통보해야 하며, 시·도지사는 이를 취합하여 해양수산부장관에게 통보해야 한다. 다만, 특별자치시장·특별자치도지사는 다음 각 호의 사항을 직접 해양수산부장관에게 통보해야 한다. 〈개정 1998. 1. 24., 1999. 5. 17., 2002. 7. 15., 2008. 3. 3., 2008. 7. 8., 2013. 3. 24., 2013. 10. 30., 2023. 11. 17.〉

1. 어선건조·개조등의 허가실적
2. 불법 어선건조·개조의 지도단속 실적
3. 어선의 등록·등록말소 실적
4. 과태료의 처분실적
5. 삭제 〈1999. 5. 17.〉

② 제1항에 따른 통보의 시기 및 방법 등은 해양수산부장관이 정하는 바에 따른다. 〈개정 2023. 11. 17.〉

[제목개정 2023. 11. 17.]

제73조(등록업무등의 확인·점검) 해양수산부장관은 어선등록업무등에 대하여 정기적으로 확인·점검하고, 그 처리사항을 지도·감독하여야 한다. 〈개정 1998. 1. 24., 2008. 3. 3., 2013. 3. 24.〉

제73조의2(수수료) 법 제39조제1항에 따라 해양수산부령으로 정하는 수수료는 별표 20과 같다. 〈개정 2013. 3. 24.〉

[본조신설 2012. 6. 7.]

제74조(대행업무의 고시등) ①법 제41조제1항에 따라 해양수산부장관이 공단 또는 선급법인에 업무를 대행하게 하고자 할 때에는 미리 그 업무의 대상범위를 정하여 협의를 하여야 한다. 〈개정 1998. 1. 24., 1998. 9. 5., 1999. 5. 17., 2001. 12. 31., 2007. 11. 23., 2008. 3. 3., 2008. 7. 8., 2013. 3. 24.〉

②제1항에 따라 해양수산부장관이 공단 또는 선급법인에 업무를 대행하게 하거나 이를 취소한 때에는 고시하여야 한다. 〈개정 1998. 1. 24., 1998. 9. 5., 1999. 5. 17., 2001. 12. 31., 2007. 11. 23., 2008. 3. 3., 2008. 7. 8., 2013. 3. 24.〉

③제2항에 따라 공단 또는 선급법인이 업무를 대행하는 경우에는 「선박안전법」 제77조제1항에 따른 선박검사원으로 하여금 이를 실시하게 하여야 한다. 〈개정 1998. 9. 5., 2001. 12. 31., 2007. 11. 23., 2008. 7. 8.〉

④공단 또는 선급법인이 대행하는 업무의 처리방법등에 대하여는 해양수산부장관이 이를 따로 정한다. 〈개정 1998. 1. 24., 1998. 9. 5., 2001. 12. 31., 2007. 11. 23., 2008. 3. 3., 2013. 3. 24.〉

제75조(대행업무등의 계획·실적보고등) ①공단 또는 선급법인이 업무를 대행하는 때에는 법 제41조제4항에 따라 대행업무의 계획·실적등을 해양수산부장관에게 보고하여야 한다. 〈개정 1998. 1. 24., 1998. 9. 5., 1999. 5. 17., 2001. 12. 31., 2007. 11. 23., 2008. 3. 3., 2008. 7. 8., 2013. 3. 24.〉

② 삭제 〈1999. 5. 17.〉

③제1항에 따른 공단 또는 선급법인의 보고사항·보고시기 및 보고방법등에 관하여는 해양수산부장관이 이를 따로 정한다. 〈개정 1998. 1. 24., 1998. 9. 5., 1999. 5. 17., 2001. 12. 31., 2007. 11. 23., 2008. 3. 3., 2008. 7. 8., 2013. 3. 24.〉

제76조 삭제 〈2018. 5. 1.〉

제77조 삭제 〈2020. 4. 6.〉

부칙 〈제1143호, 1994. 6. 16.〉

제1조 (시행일) 이 규칙은 공포한 날부터 시행한다.

제2조 (배의 길이등에 관한 경과조치) 이 규칙 시행당시 종전의 규칙에 의하여 측정된 어선의 길이·깊이 및 너비는 이 규칙에 의하여 측정된 것으로 본다. 다만, 어선의 총톤수를 개측하는 경우에는 그러하지 아니하다.

제3조 (어선번호에 관한 경과조치) 이 규칙 시행당시 현존하는 어선의 선박국적증서등에 기재된 어선번호는 이 규칙 제21조제3항의 규정에 적합한 것으로 본다. 다만, 이 규칙 시행일부터 1년이 경과한 후(5톤미만의 무동력어선의 경우에는 이 규칙 시행일부터 6월이 경과한 후를 말한다) 제35조제1항의 규정에 의한 선박국적증서등의 검인을 받는 경우에는 그러하지 아니하다.

제4조 (어선번호판의 부착에 관한 경과조치) 이 규칙 시행당시 현존하는 어선에는 이 규칙 시행일부터 1년이 경과한 후 제46조의 규정에 의한 어선의 정기검사를 받는 날(검사를 면제받는 어선의 경우에는 선박국적증서등의 검인을 받는 날)까지 제25조의 규정에 의한

어선번호판을 부착하여야 한다.

제5조 (선박국적증서등의 검인기일에 관한 경과조치) 이 규칙 시행당시 새로이 선박국적증서등의 검인을 받아야 하는 총톤수 5톤미만의 무동력어선은 이 규칙 시행일부터 6월이 경과한 후 처음 도래하는 당해어선의 등록월일에 해당하는 날까지 선적항을 관할하는 시·도지사에게 제35조의 규정에 의한 선박국적증서등의 검인을 받아야 한다.

제6조 (소형어선에 대한 정기검사 및 어선검사증서유효기간등에 관한 경과조치등) ①이 규칙 시행당시 제61조제1항의 규정에 의한 소형어선에 대한 정기검사 또는 중간검사는 이 규칙 시행후 그 검사중 먼저 도래하는 검사까지는 종전의 규정에 의하여 행한다.

②제1항의 규정에 의한 소형어선에 대한 제61조제2항의 규정에 의한 어선검사증서의 유효기간에 관한 규정은 제1항의 규정에 의한 검사합격시 발급하는 어선검사증서부터 이를 적용한다.

제7조 (다른 법령과의 관계) 이 규칙 시행당시 다른 법령에서 종전의 어선법시행규칙의 규정을 인용한 경우에 이 규칙중 그에 해당하는 규정이 있을 때에는 종전의 규정에 갈음하여 이 규칙 또는 이 규칙의 해당조항을 인용한것으로 본다.

부칙 〈제48호, 1998. 1. 24.〉

이 규칙은 공포한 날부터 시행한다.

부칙 〈제70호, 1998. 9. 5.〉 (선박안전법시행규칙)

제1조 (시행일) 이 규칙은 공포한 날부터 시행한다.

제2조 내지 제7조 생략

제8조 (다른 법령의 개정) ①어선법시행규칙중 다음과 같이 개정한다.

제2조제4호 및 제8호를 삭제한다.

제9조제1항제2호 및 제12조제1항제1호중 “어선검사증서”를 각각 “선박검사증서”로 한다.

제13조제1항중 “제43조”를 “선박안전법시행규칙 제6조”로, “어선검사집행지”를 각각 “검사장소”로 한다.

제21조제1항제5호중 “법 제5조제1항”을 “선박안전법 제4조제1항 및 2항”으로 한다.

제28조제2항중 “등록사항에 착오가 있는 것을 발견한 때 또는 제59조의 규정에 의하여 해양수산부장관으로부터 등록사항에 변경이 생기는 어선검사사항을 통보 받은 때”를 “등록사항에 착오가 있는 것을 발견한 때”로 한다.

제32조중 “(법 제41조의 규정에 의하여 어선의 검사임무등을 대행하게 한 경우에는 한국어선협회 또는 선급법인을 말한다)”를 “[선박안전법 제8조제1항 및 제2항의 규정에 의하여 선박의 검사업무를 대행하게 한 경우에는 한국선박안전기술원(이하 "기술원"이라한다) 또는 선급법인을 말한다]”로 한다.

제37조제1항중 “법 제21조제1항제1호”를 “선박안전법 제5조제1항제1호”로, “제52조제1항의 규정에 의하여 어선검사를 면제받는 어선”을 “선박안전법 제1조의2의 규정에 의하여 선박안전법을 적용받지 아니하는 어선”으로, “3년”을 “5년”으로 한다.

제4장(제41조 내지 제65조)을 삭제한다.

제5장의 제목 “항행상의 조건 및 위험방지등”을 “국기게양의 의무등”으로 한다.

제66조 내지 제68조·제70조 및 제71조를 각각 삭제한다.

제74조제1항·제2항 및 제4항중 "한국어선협회"를 각각 "기술원"으로 하고, 동조제3항을 다음과 같이 한다.

③제2항의 규정에 의하여 기술원 또는 선급법인이 업무를 대행하는 경우에는 선박검사원자격등에관한규칙에 의한 검사원으로 하여금 이를 실시하게 하여야 한다.

제75조제1항중 "한국어선협회"를 "기술원"으로, "검사업무등을"을 "업무를"으로 하고, 동조제2항을 다음과 같이 하며, 동조제3항중 "한국어선협회"를 "기술원"으로 한다.

②기술원 또는 선급법인은 검인기간이 지난 후에 선박국적증서등의 검인신청을 받은 경우에는 선적항을 관할하는 시·도지사에게 각각 그 내용을 보고하여야 한다.

제76조중 "한국어선협회"를 "기술원"으로 한다.

별표 3의 제목중 "제25조제3항·제53조제3항 및 제55조제4항"을 "제25조제3항"으로 한다.

별표 5 내지 별표 9를 각각 삭제한다.

별지 제1호서식 및 별지 제2호서식의 뒷면의 유의사항란중 "한국어선협회"를 각각 "한국선박안전기술원"으로 한다.

별지 제8호서식 및 별지 제9호서식의 앞면의 구비서류란중 "어선검사증서"를 각각 "선박검사증서"로 하고, 동서식의 뒷면의 유의사항란중 "한국어선협회"를 각각 "한국선박안전기술원"으로 한다.

별지 제19호서식의 앞면중 "동법시행규칙 제11조제1항·제20조제1항·제40조제1항 또는 제64조제1항"을 "동법시행규칙 제11조제1항·제20조제1항 또는 제40조제1항"으로 하고, 동서식의 뒷면의 제출하는 곳란중 “한국어선협회, 한국선급”을 “한국선박안전기술원”으로 하며, 동면의 유의사항란중 “어선검사증서, 어선특별검사증서, 임시항행증, 제조검사증서, 예비검사증서”를 각각 삭제한다.

별지 제20호서식의 앞면의 구비서류란중 “어선검사증서”를 “선박검사증서”로 하고, 동서식의 뒷면의 제출하는 곳란 및 유의사항란중 “한국어선협회”를 각각 “한국선박안전기술원”으로 하며, 동면의 유의사항란중 “어선검사집행지”를 “검사장소”로 한다.

별지 제21호서식중 “한국어선협회장”을 “한국선박안전기술원장”으로 한다.

별지 제22호서식의 뒷면의 제출하는 곳란중 “한국어선협회”를 “한국선박안전기술원”으로 하고, 동면의 유의사항란중 “어선검사집행지”를 “검사장소”로 한다.

별지 제23호서식, 별지 제24호서식 및 별지 제26호서식중 “한국어선협회장 CHIEF OF KOREAN FISHING VESSEL SOCIETY”를 각각 “한국선박안전기술원장 PRESIDENT OF KOREAN INSTITUTE OF SHIP SAFETY AND TECHNOLOGY”로 한다.

별지 제25호서식의 뒷면의 제출하는 곳란중 “한국어선협회”를 “한국선박안전기술원”으로 하고, 동면의 유의사항란중 “어선검사집행지”를 “검사장소”로 한다.

별지 제33호서식의 뒷면의 유의사항중 “한국어선협회”를 “한국선박안전기술원”으로 한다.

별지 제40호서식 및 별지 제41호서식의 뒷면의 제출하는 곳란 및 유의사항란중 “한국어선협회”를 각각 “한국선박안전기술원”으로 하고, 동면의 유의사항란중 어선검사면제 대상어선란을 다음과 같이 한다.

○검사를 받지 아니하는 선박의 범위

- 총톤수 5톤미만의 선박으로서 추진기관을 설치하지 아니한 선박
- 총톤수 5톤미만의 범선
- 총톤수 2톤미만의 선박
- 노와 상앗대만으로 운전하는 선박
- 내수면어업에 종사하는 어선(최초의 정기검사 실시)

별지 제42호서식 내지 별지 제53호서식을 각각 삭제한다.

②내지 ④생략

제9조 (다른 법령과의 관계) 이 규칙 시행당시 다른 법령에서 종전의 규정을 인용한 경우 이 규칙중 그에 해당하는 규정이 있을 때에는 종전의 규정에 갈음하여 이 규칙의 해당조항을 인용한 것으로 본다.

부칙 〈제117호, 1999. 5. 17.〉

①(시행일) 이 규칙은 공포한 날부터 시행한다.

②(국기게양에 관한 경과조치) 이 규칙 시행당시 종전의 규정에 의하여 어선의 용선허가를 받아 대한민국 어선으로 등록한 선박의 대한민국 국기게양에 관하여는 제69조의 개정규정에 불구하고 종전의 규정에 의한다.

③(다른 법령의 개정) 어선의등록등에관한수수료규칙중 다음과 같이 개정한다.

제2조제2항을 다음과 같이 하고, 동조제10항 및 제11항 후단을

각각 삭제한다.

②법 제39조제2호 및 제4호의 규정에 의한 등록·변경등록 및 선박국적증서등의 재교부에 대한 수수료는 별표 2와같다.

별표 2의 제목중 "재교부 및 검인"을 "재교부"로 하고, 동표중 선박국적증서·선적증서 또는 등록필증의 검인란을 삭제한다.

별표 10을 삭제한다.

부칙 〈제156호, 2000. 1. 6.〉 (선박법시행규칙)

제1조 (시행일) 이 규칙은 공포한 날부터 시행한다.

제2조 생략

제3조 (다른 법령의 개정 등) ①어선법시행규칙중 다음 같이 개정한다.

제21조제2항제3호중 "선박법시행령 제4조제2항"을 "선박법 제26조의2"로 한다.

②및 ③생략

부칙 〈제212호, 2001. 12. 31.〉

①(시행일) 이 규칙은 공포한 날부터 시행한다.

②(어선의 건조허가면제어선에 관한 경과조치) 이 규칙 시행당시 건조중에 있거나 건조를 완료한 어선으로서 종전의 규정에 의하여 건조허가를 면제받은 어선이 이 규칙 시행후 6월 이내에 등록을 하고자 하는 경우에는 제21조제1항의 개정규정에 불구하고 종전의 규정에 의한다.

부칙 〈제231호, 2002. 7. 15.〉

이 규칙은 2002년 7월 15일부터 시행한다.

부칙 〈제277호, 2004. 8. 7.〉 (전자적민원처리를위한개항질서법시행규칙등중개정령)
이 규칙은 공포한 날부터 시행한다.

부칙 〈제386호, 2007. 10. 18.〉 (전자정부 구현을 위한 공유수면관리법 시행규칙 등 일부개정령)
이 규칙은 공포한 날부터 시행한다.

부칙 〈제390호, 2007. 11. 23.〉 (선박안전법 시행규칙)
제1조 (시행일) 이 규칙은 공포한 날부터 시행한다.
제2조 부터 제22조까지 생략
제23조 (다른 법령의 개정) ① 부터 ⑥ 까지 생략
⑦ 어선법시행규칙 일부를 다음과 같이 개정한다.
제13조제1항 본문 중 "선박안전법 시행규칙 제6조의 규정에 의한 검사장소"를 "검사장소"로 한다.
제32조제2호 단서 중 "선박안전법 제8조제1항 또는 제2항의 규정에 의하여"를 "「선박안전법」 제60조제1항 또는 제2항에 따라"로, "선박검사기술협회(이하 "검사협회"라 한다)"를 "선박안전기술공단(이하 "공단"이라 한다)"으로 한다.
제74조제1항부터 제4항까지 중 "검사협회"를 각각 "공단"으로 하고, 같은 조 제3항 중 "선박검사원자격등에관한규칙에 의한 검사원"을 "「선박안전법」 제77조제1항에 따른 선박검사원"으로 한다.

제75조제1항·제3항 및 제76조 중 "검사협회"를 각각 "공단"으로 한다.

⑧ 부터 ⑭ 까지 생략

제24조 생략

부칙 〈제408호, 2008. 2. 4.〉 (원양산업발전법 시행규칙)

제1조 (시행일) 이 규칙은 2008년 2월 4일부터 시행한다.

제2조 생략

제3조 (다른 법령의 개정) ① 부터 ③ 까지 생략

④ 어선법 시행규칙 일부를 다음과 같이 개정한다.

제4조제1호가목 중 "수산업법 제41조제1항제2호"를 "「원양산업발전법」 제2조제2호"로 한다.

⑤ 부터 ⑦ 까지 생략

부칙 〈제413호, 2008. 2. 27.〉 (해운법 시행규칙)

제1조 (시행일) 이 규칙은 공포한 날부터 시행한다.

제2조 및 제3조 생략

제4조 (다른 법령의 개정) ① 어선법 시행규칙 일부를 다음과 같이 개정한다.

제4조제1호다목 중 "해운법 제26조제2항의 규정에 의하여"를 "「해운법」 제24조제2항에 따라"로 한다.

② 생략

부칙 〈제1호, 2008. 3. 3.〉 (농림수산식품부와 그 소속기관

직제 시행규칙)

제1조 (시행일) 이 규칙은 공포한 날부터 시행한다.

제2조 부터 제4조까지 생략

제5조 (다른 법령의 개정) ① 부터 ㊱ 까지 생략

㊲ 어선법 시행규칙 일부를 다음과 같이 개정한다.

제4조제1호 각 목 외의 부분 및 나목·라목, 제5조제1항 각 호 외의 부분·제2항, 제7조제1항·제2항 각 호 외의 부분, 제11조제1항 각 호 외의 부분·제2항, 제12조제1항 각 호 외의 부분·제2항·제3항, 제14조제1항부터 제3항까지, 제15조제1항부터 제3항까지, 제16조제1항·제2항, 제17조제1항 각 호 외의 부분 및 제6호·제2항·제4항, 제18조제1항 각 호 외의 부분·제2항·제3항, 제19조 각 호 외의 부분, 제20조제1항 각 호 외의 부분·제2항, 제24조제1항제1호 단서·제2항, 제32조제2호, 제72조제1항 각 호 외의 부분·제2항, 제73조, 제74조제1항·제2항·제4항, 제75조제1항·제3항, 제76조, 별지 제1호서식 뒤쪽, 별지 제2호서식 뒤쪽, 별지 제3호서식 뒤쪽, 별지 제4호서식, 별지 제5호서식, 별지 제6호서식, 별지 제21호서식, 별지 제22호서식 앞면, 별지 제23호서식 앞면, 별지 제24호서식 앞면 및 별지 제26호서식 중 "해양수산부장관"을 각각 "농림수산식품부장관"으로 한다.

제6조 각 호 외의 부분, 제21조제2항 각 호 외의 부분 및 제33조의2 중 "해양수산부령"을 각각 "농림수산식품부령"으로 한다.

별지 제1호서식 뒤쪽, 별지 제2호서식 뒤쪽, 별지 제3호서식 뒤쪽 및 별지 제19호서식 뒤쪽 중 "해양수산부"를 각각 "농림수산식품부"로 하고, "안전정책담당관실"을 삭제한다.

별지 제23호서식 앞면, 별지 제24호서식 앞면, 별지 제26호서식 중 “MINISTER OF MINISTRY OF MARITIME AFFAIRS AND FISHERIES”를 각각 “MINISTER FOR FOOD, AGRICULTURE, FORESTRY AND FISHERIES”로 한다.

㊳ 부터 〈63〉 까지 생략

부칙 〈제19호, 2008. 7. 8.〉

제1조(시행일) 이 규칙은 공포한 날부터 시행한다.

제2조(서식 변경에 관한 경과조치) 이 규칙 시행 당시 종전의 규정에 따라 작성되어 사용 중인 서식은 계속 사용할 수 있으나, 이 규칙에 따라 개정된 난은 수정하여 사용하고 삭제된 난은 기재하지 아니한다.

부칙 〈제101호, 2009. 12. 14.〉

제1조(시행일) 이 규칙은 공포한 날부터 시행한다.

제2조(경과조치) 2010년 4월 22일까지는 제4조제1호나목, 제68조제2호 및 별표 16 제3호카목1)부터 3)까지의 개정규정 중 「수산업법」 제45조는 「수산업법」 제44조로, 「수산업법」 제27조는 「수산업법」 제29조로, 「수산업법」 제41조제3항제1호는 「수산업법」 제43조제3항으로 각각 본다.

제3조(총톤수 2톤 미만 어선의 정기검사에 관한 특례) ① 제43조에 따라 정기검사를 받아야 하는 총톤수 2톤 미만 어선(2008년 10월 1일 전에 건조되었거나 건조에 착수된 어선에 한정한다. 이하 이 조에서 같다)에 대해서는 다음 각 호의 기준에 따른 날까지 정기검사

를 받아야 한다.

1. 배의 길이 7미터 이상: 2010년 3월 31일까지

2. 배의 길이 6미터 이상 7미터 미만: 2011년 3월 31일까지

3. 배의 길이 6미터 미만: 2012년 3월 31일까지

② 제1항에 따라 정기검사를 받아야 하는 총톤수 2톤 미만 어선에 대해서는 정기검사를 신청할 때에 제43조제1항제2호의 승인도면 첨부를 면제한다.

제4조(별도건조검사에 관한 경과조치) 이 법 시행 당시 다음 각 호의 어느 하나에 해당하는 기관에 대해서는 제53조제2항의 개정규정에도 불구하고 별표 12 제2호의 별도건조검사를 받은 것으로 본다.

1. 도입 전 해당 외국정부(대행 검사기관을 포함한다) 등이 실시한 검사이력을 확인할 수 있는 기관

2. 제작 또는 거치한 기간이 1년 미만인 기관

제5조(일반적 경과조치) 이 규칙 시행 당시 「선박안전법 시행규칙」에 따라 행정기관이 한 처분이나 그 밖의 행위 또는 행정기관에 대한 각종 신청이나 그 밖의 행위는 그에 해당하는 이 규칙에 따른 행정기관의 행위 또는 행정기관에 대한 행위로 본다.

부칙 〈제120호, 2010. 4. 28.〉 (어업의 허가 및 신고 등에 관한 규칙)

제1조(시행일) 이 규칙은 공포한 날부터 시행한다.

제2조 부터 제5조까지 생략

제6조(다른 법령의 개정) ① 부터 ⑥까지 생략

⑦ 어선법 시행규칙 일부를 다음과 같이 개정한다.

제25조제2항 단서 중 “「수산업법 시행령」 제44조”를 “「수산업법 시행령」 제47조”로 하고, 제33조의2제2호 중 “「수산업법」 제29조”를 “「수산업법」 제27조”로 하며, 제64조제2항 본문 중 “「수산업법 시행령」 제38조제1항제2호”를 “「수산업법 시행령」 제29조제1항제1호”로 한다.

⑧ 및 ⑨ 생략

부칙 〈제181호, 2011. 3. 30.〉

제1조(시행일) 이 규칙은 공포한 날부터 시행한다.

제2조(주소변경의 변경등록에 관한 적용례) 제26조제1항 단서 및 제3항 후단의 개정규정은 이 규칙 시행 후 최초로 전입신고를 하는 것부터 적용한다.

제3조(변경등록 등의 통보에 관한 적용례) 제32조 각 호 외의 부분 단서 및 같은 조 제4호의 개정규정은 이 규칙 시행 후 최초로 주소의 변경등록 또는 어선의 등록말소를 하는 것부터 적용한다.

제4조(개조 등의 허가 면제에 관한 경과조치) 이 규칙 시행 당시 어선의 추진기관의 종류 또는 출력을 변경하기 위하여 허가절차가 진행 중인 경우에는 제6조제2호나목의 개정규정에도 불구하고 종전의 규정에 따른다.

제5조(중간검사에 관한 경과조치) 이 규칙 시행 당시 배의 길이가 24미터 이상이고 선령이 5년 미만인 어선에 대한 제2종 중간검사절차가 진행 중인 경우에는 제44조제1항제2호가목의 개정규정에도 불구하고 해당 제2종 중간검사를 실시한다.

부칙 〈제264호, 2012. 3. 16.〉

제1조(시행일) 이 규칙은 공포한 날부터 시행한다. 다만, 제42조의2의 개정규정은 2012년 7월 15일부터 시행한다.

제2조(어선검사의 준비에 관한 적용례) 제55조제2항제2호의 개정규정은 이 규칙 시행 후 3개월이 경과한 날부터 최초로 제1종 중간검사를 받는 어선부터 적용한다.

제3조 삭제 〈2013. 10. 30.〉

부칙 〈제280호, 2012. 6. 7.〉

제1조(시행일) 이 규칙은 공포한 날부터 시행한다.

제2조(다른 법령의 폐지) 어선의 건조허가 등에 관한 수수료 규칙을 폐지한다.

부칙 〈제309호, 2012. 10. 5.〉 (낚시 관리 및 육성법 시행규칙)

제1조(시행일) 이 규칙은 공포한 날부터 시행한다. 〈단서 생략〉

제2조 생략

제3조(다른 법령의 개정) ①부터 ③까지 생략

④ 어선법 시행규칙 일부를 다음과 같이 개정한다.

제64조제2항 중 "「낚시어선업법」"을 "「낚시 관리 및 육성법」"으로 한다.

제4조 생략

부칙 〈제1호, 2013. 3. 24.〉 (해양수산부와 그 소속기관 직

제 시행규칙)

제1조(시행일) 이 규칙은 공포한 날부터 시행한다.

제2조 부터 제4조까지 생략

제5조(다른 법령의 개정) ①부터 ㉝까지 생략

㉞ 어선법 시행규칙 일부를 다음과 같이 개정한다.

제4조제1호 각 목 외의 부분, 같은 호 나목·라목, 제5조제1항 각 호 외의 부분, 같은 조 제2항, 제7조제1항 각 호 외의 부분, 같은 조 제2항 각 호 외의 부분, 제12조제1항 각 호 외의 부분 전단, 같은 항 제7호, 같은 조 제2항·제3항, 제14조제1항부터 제4항까지, 제15조제1항부터 제3항까지, 제16조제1항·제2항, 제17조제1항 각 호 외의 부분, 같은 항 제7호, 같은 조 제2항·제4항, 제18조제1항 각 호 외의 부분, 같은 조 제2항·제3항, 제24조제1항제1호 단서, 같은 조 제2항, 제32조제2호 본문, 제41조제5호, 제43조제1항 각 호 외의 부분 전단, 같은 조 제2항 각 호 외의 부분 본문, 같은 조 제3항·제4항, 제44조제2항, 같은 조 제3항 각 호 외의 부분, 같은 조 제4항, 제45조제1항, 같은 조 제2항 전단, 제46조제1항, 같은 조 제2항 각 호 외의 부분, 제47조제1항제14호 전단·후단, 같은 조 제2항 각 호 외의 부분, 같은 조 제5항, 제48조제2항부터 제4항까지, 제49조제1항제3호, 같은 조 제2항, 제50조제1항 각 호 외의 부분 본문, 제51조제4호, 제52조제2항, 같은 조 제3항 전단·후단, 같은 조 제4항 각 호 외의 부분, 같은 조 제5항·제7항, 제53조제1항·제3항, 제54조제1항 각 호 외의 부분 본문, 제56조제4항, 제57조, 제59조제1항부터 제3항까지, 제59조의2제1항 각 호 외의 부분, 같은 조 제2항·제3항, 제59조의3제1항·제2항,

제59조의5제1항 각 호 외의 부분, 같은 조 제2항부터 제4항까지, 제59조의6제1항 · 제2항, 제59조의7제1항 각 호 외의 부분, 같은 조 제2항 각 호 외의 부분, 같은 조 제3항, 제59조의8, 제61조제1항 각 호 외의 부분, 같은 조 제2항, 제62조제1항, 제64조제1항, 같은 조 제3항 전단 · 후단, 제67조제2항 각 호 외의 부분, 같은 조 제3항 각 호 외의 부분, 제69조제1항 · 제2항, 같은 조 제3항 본문, 제70조제1항 본문, 같은 조 제2항 · 제3항, 제71조제1항 각 호 외의 부분, 같은 조 제2항 본문, 같은 조 제3항 전단, 제72조제1항 각 호 외의 부분 본문 · 단서, 같은 조 제2항, 제73조, 제74조제1항 · 제2항 · 제4항, 제75조제1항 · 제3항, 제76조, 별표 3 제1호타목, 같은 표 제2호나목, 별표 4 제2호가목, 같은 표 제4호 · 제5호, 별표 8 제1호파목, 별표 11 제2호, 별표 12 제2호, 별표 16 제2호가목 1)가), 별표 17 제1호나목22), 같은 호 라목, 같은 표 제4호라목3) 가), 별표 19 제2호가목, 별표 20 제1호나목 · 라목, 같은 표 제4호 단서, 별지 제1호서식 앞쪽 서명란, 같은 서식 뒤쪽 유의사항란 제2호가목, 별지 제2호서식 앞쪽 서명란, 같은 서식 뒤쪽 유의사항란 제2호가목, 별지 제3호서식 앞쪽 서명란, 같은 서식 뒤쪽 유의사항란 제2호가목, 별지 제4호서식부터 별지 제6호서식까지, 별지 제20호 서식 앞쪽 첨부서류란 제1호사목, 별지 제21호서식, 별지 제22호서식 앞쪽 첨부서류란 제7호, 별지 제23호서식 앞쪽, 별지 제24호서식 앞쪽, 별지 제26호서식, 별지 제40호서식 뒤쪽 유의사항란, 별지 제43호서식 뒤쪽 유의사항란, 별지 제44호서식 뒤쪽 유의사항란, 별지 제45호서식 앞쪽, 같은 서식 뒤쪽 유의사항란 · 처리절차란, 별지 제46호서식, 별지 제47호서식, 별지 제48호 서식 뒤쪽 유

의사항란, 별지 제49호서식 앞쪽 서명란, 같은 서식 뒤쪽 처리절차란, 별지 제50호서식, 별지 제53호서식, 별지 제54호서식 앞쪽, 같은 서식 뒤쪽 처리절차란, 별지 제55호서식, 별지 제59호서식, 별지 제61호서식 앞쪽, 별지 제62호서식 앞쪽, 별지 제63호서식부터 별지 제68호서식까지, 별지 제70호서식, 별지 제71호서식 앞쪽, 같은 서식 뒤쪽 유의사항란, 별지 제72호서식 및 별지 제75호서식 중 "농림수산식품부장관"을 각각 "해양수산부장관"으로 한다.

제6조 각 호 외의 부분, 제21조제2항 각 호 외의 부분, 제33조의2 각 호 외의 부분, 제41조 각 호 외의 부분, 제42조제1항 각 호 외의 부분, 같은 조 제2항 각 호 외의 부분, 제42조의2제1항, 제52조제1항, 제68조 각 호 외의 부분 및 제73조의2 중 "농림수산식품부령"을 각각 "해양수산부령"으로 한다.

별지 제1호서식 앞쪽 처리기간란, 같은 서식 뒤쪽 처리절차란, 별지 제2호서식 앞쪽 처리기간란, 같은 서식 뒤쪽 처리절차란, 별지 제3호서식 앞쪽 처리기간란, 같은 서식 뒤쪽 처리절차란, 별지 제71호서식 뒤쪽 처리절차란 및 별지 제76호서식 유의사항란 제1호 중 "농림수산식품부"를 각각 "해양수산부"로 한다.

별지 제23호서식 앞쪽, 별지 제24호서식 앞쪽, 별지 제26호서식, 별지 제47호서식, 별지 제50호서식, 별지 제53호서식, 별지 제55호서식, 별지 제61호서식 앞쪽, 별지 제62호서식 앞쪽, 별지 제63호서식 및 별지 제64호서식부터 별지 제68호서식까지 중 "Minister of Food, Agriculture, Forestry and Fisheries"를 각각 "Minister of Oceans and Fisheries"로 한다.

㉟부터 〈63〉까지 생략

부칙 〈제51호, 2013. 10. 30.〉

제1조(시행일) 이 규칙은 공포한 날부터 시행한다.

제2조(검사준비 면제사항 확대에 관한 적용례) 별표 16 제3호카목의 개정규정은 이 규칙 시행 후 법 제21조에 따른 어선의 검사를 신청하는 경우부터 적용한다.

부칙 〈제63호, 2013. 12. 30.〉 (행정규제기본법 개정에 따른 재검토기한 규정을 위한 공유수면 관리 및 매립에 관한 법률 시행규칙 등 일부개정령)

이 규칙은 2014년 1월 1일부터 시행한다.

부칙 〈제127호, 2014. 12. 31.〉 (규제정비를 위한 개항질서법 시행규칙 등 일부개정령)

이 규칙은 공포한 날부터 시행한다.

부칙 〈제130호, 2014. 12. 31.〉

제1조(시행일) 이 규칙은 공포한 날부터 시행한다.

제2조(어선검사증서의 기재사항에 관한 적용례) 제64조제2항제8호 및 제9호의 개정규정은 이 규칙 시행 후 어선검사증서를 발급하는 경우부터 적용한다.

제3조(검사 준비의 완화에 관한 경과조치) 이 법 시행 전에 어선검사를 신청한 경우에 대해서는 제56조제3항, 별표 8 및 별표 16의 개정규정에도 불구하고 종전의 규정을 따른다.

부칙 〈제134호, 2015. 1. 8.〉 (해양수산부와 그 소속기관 직제 시행규칙)

제1조(시행일) 이 규칙은 공포한 날부터 시행한다.

제2조 생략

제3조(다른 법령의 개정) ①부터 ⑤까지 생략

⑥ 어선법 시행규칙 일부를 다음과 같이 개정한다.

별지 제44호서식 뒤쪽 유의사항란의 □ 그 밖의 유의사항란 중 "지방해양항만청장"을 "지방해양수산청장"으로 한다.

⑦부터 ⑲까지 생략

부칙 〈제217호, 2017. 1. 2.〉 (규제 재검토기한 설정 등을 위한 공유수면 관리 및 매립에 관한 법률 시행규칙 등 일부개정령)

제1조(시행일) 이 규칙은 공포한 날부터 시행한다.

제2조 생략

부칙 〈제244호, 2017. 6. 28.〉

제1조(시행일) 이 규칙은 2017년 6월 28일부터 시행한다.

제2조(어선의 등록말소 신청에 관한 경과조치) 이 규칙 시행 전에 어선의 등록말소를 신청한 경우에는 제29조제1항의 개정규정에도 불구하고 종전의 규정에 따른다.

부칙 〈제285호, 2018. 5. 1.〉

제1조(시행일) 이 규칙은 공포한 날부터 시행한다.

제2조(상속에 따른 어선 등록사항의 변경신청에 관한 경과조치) 이

규칙 시행 전에 상속이 개시된 경우에는 제26조제1항 각 호 외의 부분 본문의 개정규정에도 불구하고 종전의 규정에 따른다.

부칙 〈제335호, 2019. 3. 22.〉

이 규칙은 2019년 4월 1일부터 시행한다.

부칙 〈제366호, 2019. 8. 20.〉 (선박안전법 시행규칙)

제1조(시행일) 이 규칙은 공포한 날부터 시행한다.

제2조(다른 법령의 개정) ①부터 ④까지 생략

⑤ 어선법 시행규칙 일부를 다음과 같이 개정한다.

제32조제2호 중 "「선박안전법」 제45조에 따른 선박안전기술공단(이하 "공단"이라 한다) 또는 같은 법"을 "「한국해양교통안전공단법」에 따라 설립된 한국해양교통안전공단(이하 "공단"이라 한다) 또는 「선박안전법」"으로 한다.

별지 제1호서식 뒤쪽 유의사항란 중 "선박안전기술공단"을 "한국해양교통안전공단"으로 한다.

별지 제20호서식 앞쪽 중 "선박안전기술공단이사장"을 "한국해양교통안전공단이사장"으로 하고, 같은 서식 뒤쪽 처리절차란 중 "선박안전기술공단"을 각각 "한국해양교통안전공단"으로 한다.

별지 제21호서식 중 "선박안전기술공단이사장"을 "한국해양교통안전공단이사장"으로 한다.

별지 제22호서식 앞쪽 중 "선박안전기술공단이사장"을 "한국해양교통안전공단이사장"으로 하고, 같은 서식 뒤쪽 처리절차란 중 "선박안전기술공단"을 각각 "한국해양교통안전공단"으로 한다.

별지 제23호서식 앞쪽 중 "선박안전기술공단이사장"을 "한국해양교통안전공단이사장"으로, "President of Korea Ship Safety Technology Authority"를 "President of Korea Maritime Transportation Safety Authority"로 한다.

별지 제24호서식 앞쪽 중 "선박안전기술공단이사장"을 "한국해양교통안전공단이사장"으로, "President of Korea Ship Safety Technology Authority"를 "President of Korea Maritime Transportation Safety Authority"로 한다.

별지 제25호서식 앞쪽 중 "선박안전기술공단이사장"을 "한국해양교통안전공단이사장"으로 하고, 같은 서식 뒤쪽 처리절차란 중 "선박안전기술공단"을 각각 "한국해양교통안전공단"으로 한다.

별지 제26호서식 중 "선박안전기술공단이사장"을 "한국해양교통안전공단이사장"으로, "President of Korea Ship Safety Technology Authority"를 "President of Korea Maritime Transportation Safety Authority"로 한다.

별지 제40호서식 앞쪽 중 "선박안전기술공단이사장"을 "한국해양교통안전공단이사장"으로 하고, 같은 서식 뒤쪽 처리절차란 중 "선박안전기술공단"을 각각 "한국해양교통안전공단"으로 한다.

별지 제41호서식 앞쪽 중 "선박안전기술공단이사장"을 "한국해양교통안전공단이사장"으로 하고, 같은 서식 뒤쪽 처리절차란 중 "선박안전기술공단"을 각각 "한국해양교통안전공단"으로 한다.

별지 제42호서식 중 "선박안전기술공단이사장"을 "한국해양교통안전공단이사장"으로 한다.

별지 제43호서식 앞쪽 중 "선박안전기술공단이사장"을 "한국해양교통안전공단이사장"으로 하고, 같은 서식 뒤쪽 처리절차란 중 "선박안전기술공단"을 각각 "한국해양교통안전공단"으로 한다.

별지 제44호서식 앞쪽 중 "선박안전기술공단이사장"을 "한국해양교통안전공단이사장"으로 하고, 같은 서식 뒤쪽 처리절차란 중 "선박안전기술공단"을 각각 "한국해양교통안전공단"으로 한다.

별지 제47호서식 중 "선박안전기술공단이사장"을 "한국해양교통안전공단이사장"으로, "President of Korea Ship Safety Technology Authority"를 "President of Korea Maritime Transportation Safety Authority"로 한다.

별지 제48호서식 앞쪽 중 "선박안전기술공단이사장"을 "한국해양교통안전공단이사장"으로 하고, 같은 서식 뒤쪽 유의사항란 중 "선박안전기술공단"을 "한국해양교통안전공단"으로 하며, 같은 서식 뒤쪽 처리절차란 중 "선박안전기술공단"을 각각 "한국해양교통안전공단"으로 한다.

별지 제51호서식 앞쪽 중 "선박안전기술공단이사장"을 "한국해양교통안전공단이사장"으로 하고, 같은 서식 뒤쪽 처리절차란 중 "선박안전기술공단"을 각각 "한국해양교통안전공단"으로 한다.

별지 제56호서식 앞쪽 중 "선박안전기술공단이사장"을 "한국해양교통안전공단이사장"으로 하고, 같은 서식 뒤쪽 처리절차란 중 "선박안전기술공단"을 각각 "한국해양교통안전공단"으로 한다.

별지 제58호서식 중 "선박안전기술공단이사장"을 "한국해양교통안전공단이사장"으로 하고, 같은 서식 처리절차란 중 "선박안전기술공단"을 각각 "한국해양교통안전공단"으로 한다.

별지 제59호서식 중 "선박안전기술공단이사장"을 "한국해양교통안전공단이사장”으로 한다.

별지 제61호서식 앞쪽 중 “선박안전기술공단이사장”을 “한국해양교통안전공단이사장”으로, “President of Korea Ship Safety Technology Authority”를 “President of Korea Maritime Transportation Safety Authority”로 한다.

별지 제62호서식 앞쪽 중 “선박안전기술공단이사장”을 “한국해양교통안전공단이사장”으로, “President of Korea Ship Safety Technology Authority”를 “President of Korea Maritime Transportation Safety Authority”로 한다.

별지 제63호서식 중 “선박안전기술공단이사장”을 “한국해양교통안전공단이사장”으로, “President of Korea Ship Safety Technology Authority”를 “President of Korea Maritime Transportation Safety Authority”로 한다.

별지 제64호서식 중 “선박안전기술공단이사장”을 “한국해양교통안전공단이사장”으로, “President of Korea Ship Safety Technology Authority”를 “President of Korea Maritime Transportation Safety Authority”로 한다.

별지 제65호서식 중 “선박안전기술공단이사장”을 “한국해양교통안전공단이사장”으로, “President of Korea Ship Safety Technology Authority”를 “President of Korea Maritime Transportation Safety Authority”로 한다.

별지 제66호서식 중 “선박안전기술공단이사장”을 “한국해양교통안전공단이사장”으로, “President of Korea Ship Safety Technology Authority”를 “President of Korea Maritime

Transportation Safety Authority"로 한다.

별지 제67호서식 중 "선박안전기술공단이사장"을 "한국해양교통안전공단이사장"으로, "President of Korea Ship Safety Technology Authority"를 "President of Korea Maritime Transportation Safety Authority"로 한다.

별지 제68호서식 중 "선박안전기술공단이사장"을 "한국해양교통안전공단이사장"으로, "President of Korea Ship Safety Technology Authority"를 "President of Korea Maritime Transportation Safety Authority"로 한다.

별지 제69호서식 앞쪽 중 "선박안전기술공단이사장"을 "한국해양교통안전공단이사장"으로 하고, 같은 서식 뒤쪽 처리절차란 중 "선박안전기술공단"을 각각 "한국해양교통안전공단"으로 한다.

별지 제70호서식 중 "선박안전기술공단이사장"을 "한국해양교통안전공단이사장"으로 한다.

별지 제71호서식 뒤쪽 처리절차란 중 "선박안전기술공단"을 "한국해양교통안전공단"으로 한다.

별지 제71호의2서식 중 "선박안전기술공단 이사장"을 "한국해양교통안전공단 이사장"으로 하고, 같은 서식 수수료란 중 "선박안전기술공단"을 "한국해양교통안전공단"으로 한다.

별지 제76호서식 중 "선박안전기술공단이사장"을 "한국해양교통안전공단이사장"으로 하고, 같은 서식 유의사항란 중 "선박안전기술공단"을 "한국해양교통안전공단"으로 한다.

⑥ 및 ⑦ 생략

부칙 〈제402호, 2020. 4. 6.〉 (행정규제기본법에 따른 일몰규제 정비를 위한 29개 법령의 일부개정령)
이 규칙은 공포한 날부터 시행한다.

부칙 〈제432호, 2020. 8. 28.〉 (양식산업발전법 시행규칙)
제1조(시행일) 이 규칙은 2020년 8월 28일부터 시행한다. 〈단서 생략〉
제2조 부터 제6조까지 생략
제7조(다른 법령의 개정) ①부터 ⑨까지 생략
⑩ 어선법 시행규칙 일부를 다음과 같이 개정한다.
제4조제1호에 마목을 다음과 같이 신설한다.
마. 「양식산업발전법」 제53조에 따라 해양수산부장관이 시험양식업, 연구양식업 또는 교습양식업에 사용할 어선
제33조의2제2호 중 "어장관리"를 "어장관리 또는 「양식산업발전법」 제41조에 따른 양식장 관리"로 한다.
제42조의2제1항제4호 본문 중 "면허어업"을 "면허어업 또는 「양식산업발전법」 제10조에 따른 면허 양식업"으로, "같은 법 제27조제1항 · 제3항"을 "「수산업법」 제27조제1항 · 제3항 또는 「양식산업발전법」 제41조제1항 · 제3항"으로 한다.
제68조제2호 중 "어장관리"를 "어장관리 또는 「양식산업발전법」 제41조에 따른 양식장 관리"로 한다.
⑪부터 ⑯까지 생략
제8조 생략

부칙 〈제433호, 2020. 8. 28.〉 (어선안전조업법 시행규칙)

제1조(시행일) 이 규칙은 2020년 8월 28일부터 시행한다.

제2조 생략

제3조(다른 법령의 개정) ① 생략

② 「어선법 시행규칙」 일부를 다음과 같이 개정한다.

제42조의2제1항제5호 중 "「선박안전 조업규칙」 제5조제2항제2호"를 "「어선안전조업법」 제2조제4호"로 한다.

③ 및 ④ 생략

제4조 생략

부칙 〈제435호, 2020. 9. 3.〉

이 규칙은 공포한 날부터 시행한다. 다만, 별표 16 제3호바목1)의 개정규정은 2021년 1월 1일부터 시행한다.

부칙 〈제486호, 2021. 6. 30.〉 (어려운 법령용어 정비를 위한 56개 법령의 일부개정에 관한 해양수산부령)

이 규칙은 공포한 날부터 시행한다.

부칙 〈제529호, 2022. 1. 20.〉 (국민 편의를 높이는 서식 정비를 위한 11개 법령의 일부개정에 관한 해양수산부령)

이 규칙은 공포한 날부터 시행한다.

부칙 〈제581호, 2023. 2. 3.〉 (수산업법 시행규칙)

제1조(시행일) 이 규칙은 공포한 날부터 시행한다.

제2조 부터 제13조까지 생략

제14조(다른 법령의 개정) ①부터 ⑫까지 생략

⑬ 어선법 시행규칙 일부를 다음과 같이 개정한다.

제4조제1호나목 중 "「수산업법」 제45조"를 "「수산업법」 제46조"로 한다.

제25조제2항 단서 중 "「수산업법 시행령」 제47조"를 "「수산업법 시행령」 제42조"로 한다.

제26조제1항 각 호 외의 부분 본문 중 "「어업의 허가 및 신고 등에 관한 규칙」 제16조제1항"을 "「수산업법 시행규칙」 제56조제1항"으로 하고, 같은 항 제3호 중 "「어업의 허가 및 신고 등에 관한 규칙」 제16조제2항제1호 및 제3호"를 "「수산업법 시행규칙」 제56조제2항제1호 및 제3호"로, "「어업의 허가 및 신고 등에 관한 규칙」 제16조제1항"을 "「수산업법 시행규칙」 제56조제1항"으로 한다.

제33조의2제3호 중 "「어업의 허가 및 신고 등에 관한 규칙」 제14조제1항제1호에 따른 연근해어업 허가증"을 "「수산업법 시행규칙」 제38조제1항제1호에 따른 어업허가증"으로 한다.

제42조의2제1항제4호 중 "「수산업법」 제8조"를 "「수산업법」 제7조"로 하고, 같은 항 제5호 중 "「수산업법 시행령」 제24조제1항제11호"를 "「수산업법 시행령」 제21조제1항제11호"로 한다.

제64조제2항제6호 중 "「수산업법 시행령」 제29조제1항제1호"를 "「수산업법 시행령」 제26조제1항제1호"로 한다.

별표 16 제3호카목3) 중 "「수산업법」 제41조제3항제1호"를 "「수산업법」 제40조제3항"으로 한다.

별지 제27호서식 앞쪽 중 "「어업의 허가 및 신고 등에 관한 규칙」 제16조제2항"을 "「수산업법 시행규칙」 제56조제2항"으로 하고,

같은 서식 뒤쪽 첨부서류란 중 "「어업의 허가 및 신고 등에 관한 규칙」 제16조제1항"을 각각 "「수산업법 시행규칙」 제56조제1항"으로 하며, 같은 쪽 유의사항란 제4호다목 단서 중 "「수산업법 시행령」 제47조"를 "「수산업법 시행령」 제42조"로 한다.

⑭부터 ⑱까지 생략

제15조 생략

부칙 〈제602호, 2023. 4. 25.〉 (소상공인 경제회복 지원을 위한 7개 법령의 일부개정에 관한 해양수산부령)

제1조(시행일) 이 규칙은 공포한 날부터 시행한다.

제2조(행정처분에 관한 적용례) 제1조부터 제7조까지의 개정규정은 이 규칙 시행 전의 위반행위에 대하여 이 규칙 시행 이후 행정처분을 하는 경우에도 적용한다.

부칙 〈제630호, 2023. 11. 17.〉 (자치입법권 강화 및 지방자율성 제고를 위한 수산자원관리법 시행규칙 등 3개 법령의 일부개정에 관한 해양수산부령)

이 규칙은 공포한 날부터 시행한다.

부칙 〈제639호, 2023. 12. 18.〉

이 규칙은 공포한 날부터 시행한다.

부칙 〈제713호, 2025. 1. 3.〉 (어선안전조업 및 어선원의 안전·보건 증진 등에 관한 법률 시행규칙)

제1조(시행일) 이 규칙은 2025년 1월 3일부터 시행한다.
제2조(다른 법령의 개정) ①부터 ④까지 생략
⑤ 어선법 시행규칙 일부를 다음과 같이 개정한다.
제42조의2제1항제5호 중 “「어선안전조업법」”을 “「어선안전조업 및 어선원의 안전·보건 증진 등에 관한 법률」”로 한다.
⑥ 생략

부칙 〈제730호, 2025. 4. 28.〉
이 규칙은 공포한 날부터 시행한다.

별표 / 서식
[별표 1] 복원성 승인 면제 대상(제3조의2제1항제4호 관련)
[별표 1의2] 어선번호의 부여방법(제21조제3항 관련)
[별표 2] 건조검사 시 수행하는 선체 압력시험방법(제50조제2항 관련)
[별표 3] 예비검사를 받을 수 있는 어선용품(제52조제1항 관련)
[별표 4] 팽창식 구명설비의 수리 또는 정비에 따른 시설 등의 기준(제52조제4항 관련)
[별표 5] 별도건조검사 시 수행하는 선체 압력시험방법(제53조제2항 관련)
[별표 6] 검사종류별 관련 도면(제3조의2제2항 및 제54조제1항 관련)
[별표 7] 복원성 승인 표시, 도면승인 표시 및 건조검사, 예비검사, 검정, 건조(제조·정비) 확인의 합격표시(제3조의2제3항, 제54조제2항 및 제65조 관련)

[별표 8] 정기검사 준비사항(제55조제1항제1호 관련)
[별표 9] 중간검사 준비사항(제55조제1항제2호 관련)
[별표 10] 임시항행검사 준비사항(제55조제1항제5호 관련)
[별표 11] 건조검사 준비사항(제55조제1항제6호 관련)
[별표 12] 별도건조검사 준비사항(제55조제1항제7호 관련)
[별표 13] 예비검사 준비사항(제55조제1항제8호 관련)
[별표 14] 선체두께 측정범위 및 측정방법 등(제55조제3항 관련)
[별표 15] 수중검사준비와 그 검사방법 등(제56조제5항 관련)
[별표 16] 검사준비 및 서류제출의 완화 등(제56조제6항 관련)
[별표 16의2] 형식승인 및 형식승인시험기관에 대한 처분 기준(제59조의4제1항 및 제59조의7제1항 관련)
[별표 17] 지정사업장의 지정기준 등(제60조 관련)
[별표 18] 자체검사 합격표시(제60조의4제4항 관련)
[별표 18의2] 지정사업장의 지정 취소 및 효력정지 처분의 기준(제60조의5제1항 관련)
[별표 19] 하역설비에 대한 제한하중등을 확인하기 위한 기준(제61조제2항 관련)
[별표 19의2] 행정처분기준(제69조의6 관련)
[별표 20] 어선의 건조·개조허가 등의 수수료(제73조의2 관련)
[별지 제1호서식] 어선(건조, 건조발주)허가신청서
[별지 제2호서식] 어선(개조, 개조발주)허가신청서
[별지 제3호서식] 어선(건조, 건조발주, 개조, 개조발주)허가사항변경허가신청서
[별지 제4호서식] 어선건조(건조발주)허가서

[별지 제5호서식] 어선개조(개조발주)허가서

[별지 제6호서식] 어선건조(건조발주 · 개조 · 개조발주)허가사항 변경허가서

[별지 제7호서식] 삭제 〈1998.1.24〉

[별지 제8호서식] 삭제 〈1999.5.17〉

[별지 제9호서식] 삭제 〈1999.5.17〉

[별지 제10호서식] 삭제 〈1999.5.17〉

[별지 제11호서식] 삭제 〈1999.5.17〉

[별지 제12호서식] 삭제 〈1999.5.17〉

[별지 제13호서식] 삭제 〈1999.5.17〉

[별지 제14호서식] 삭제 〈1999.5.17〉

[별지 제15호서식] 삭제 〈1999.5.17〉

[별지 제16호서식] 삭제 〈1999.5.17〉

[별지 제17호서식] 삭제 〈1999.5.17〉

[별지 제18호서식] 삭제 〈1999.5.17〉

[별지 제19호서식] 삭제 〈2009.12.14〉

[별지 제20호서식] 어선 총톤수(측정, 재측정)신청서

[별지 제21호서식] 어선총톤수측정증명서

[별지 제22호서식] 국제톤수(증서, 확인서) 발급신청서

[별지 제23호서식] 국제톤수증서(1969)INTERNATIONAL TONNAGE CERTIFICATE(1969)

[별지 제24호서식] 국제톤수확인서TONNAGE CERTIFICATE

[별지 제25호서식] 재화중량톤수증서발급신청서

[별지 제26호서식] 재화중량톤수증서DEADWEIGHT THONNAGE

CERTIFICATE

[별지 제27호서식] (어선(등록, 변경등록), 어업 변경허가)신청서

[별지 제28호서식] 어선원부

[별지 제29호서식] 삭제 〈1999.5.17〉

[별지 제30호서식] 삭제 〈1999.5.17〉

[별지 제31호서식] 삭제 〈2012.6.7〉

[별지 제32호서식] 삭제 〈1999.5.17〉

[별지 제33호서식] 삭제 〈2012.6.7〉

[별지 제34호서식] 어선등록말소신청서

[별지 제34호의2서식] 어선등록말소확인서

[별지 제35호서식] 선박국적증서

[별지 제36호서식] 선적증서

[별지 제37호서식] 등록필증

[별지 제38호서식] 선박국적증서영역서 발급신청서

[별지 제39호서식] CERTIFICATE OF VESSEL'S NATIONALITY

[별지 제40호서식] 어선검사신청서

[별지 제41호서식] 중간검사시기연기신청서

[별지 제42호서식] 계선사유서

[별지 제43호서식] 건조(별도건조) 검사신청서

[별지 제44호서식] 예비검사신청서

[별지 제45호서식] 팽창식 구명설비 정비시설 등 확인신청서

[별지 제46호서식] 팽창식 구명설비 정비시설 등 확인서

[별지 제47호서식] 별도건조검사증서SPECIAL SHIP-BUILDING SURVEY CERTIFICATE

[별지 제48호서식] 도면승인(변경)신청서

[별지 제49호서식] (형식승인, 형식승인사항변경승인) 신청서

[별지 제50호서식] 형식승인증서

[별지 제51호서식] 검정신청서

[별지 제52호서식] 삭제 〈2012.6.7〉

[별지 제53호서식] 형식승인사항 변경승인서CERTIFICATE OF CHANGE OF TYPE APPROVAL CONTENTS

[별지 제53호의2서식] 형식승인시험기관 지정신청서

[별지 제53호의3서식] 형식승인시험기관 지정서

[별지 제53호의4서식] 지정기준 인정신청서

[별지 제53호의5서식] 지정기준 인정서

[별지 제54호서식] 지정사업장 지정(변경)신청서

[별지 제55호서식] 지정사업장 지정서CERTIFICATE OF RECOGNIZED MANUFACTURING(MAINTENANCE) FACTORY

[별지 제56호서식] 확인신청서

[별지 제57호서식] 자체검사 합격증서CERTIFICATE OF SHIP-BUILDING (MANUFACTURING · MAINTENANCE) APPROVED USE

[별지 제58호서식] 제한하중등 확인신청서

[별지 제59호서식] 제한하중등 확인증

[별지 제60호서식] 하역설비검사기록부

[별지 제61호서식] 어선검사증서FISHING VESSEL SURVEY CERTIFICATE

[별지 제62호서식] 어선검사증서FISHING VESSEL SURVEY

CERTIFICATE

[별지 제63호서식] 어선특별검사증서FISHING VESSEL SPECIAL SURVEY CERTIFICATE

[별지 제64호서식] 임시항행검사증서TEMPORARY NAVIGATION CERTIFICATE

[별지 제65호서식] 건조검사증서SHIP-BUILDING SURVEY CERTIFICATE

[별지 제66호서식] 예비검사증서CERTIFICATE OF ARTICLES FOR SHIP USE

[별지 제67호서식] 검정증서CERTIFICATE OF SHIP EQUIPMENT INSPECTION FOR SHIP USE OF APPROVED TYPE

[별지 제68호서식] 건조(제조·정비)확인증CERTIFICATE OF SHIP-BUILDING(MANUFACTURING·MAINTENANCE) VERIFICATION

[별지 제69호서식] 어선검사증서 유효기간 연장신청서

[별지 제70호서식] 어선검사증서(국제협약검사증서) 유효기간 연장 승인서

[별지 제71호서식] 재검사등신청서

[별지 제71호의2서식] 어선거래정보이용신청서

[별지 제71호의3서식] 어선거래정보이용대장

[별지 제71호의4서식] 어선중개업(등록, 변경등록)신청서

[별지 제71호의5서식] 어선중개업 등록증

[별지 제71호의6서식] 어선중개업 등록대장

[별지 제71호의7서식] (휴업, 폐업, 재개업, 휴업연장) 신고서

[별지 제72호서식] 어선결함신고서

[별지 제73호서식] 어선결함신고기록부

[별지 제74호서식] 어선결함신고자명부

[별지 제75호서식] 출항정지명령서

[별지 제76호서식] 증서등 재발급신청서

대한민국 법령 시리즈 2

어 선 법

법 령 / 시 행 령 / 시 행 규 칙

2025년 8월 25일 인쇄　　정가 21,000원
2025년 9월 5일 발행

편　저　편집부
디 자 인　송영미
발 행 인　조준형
발 행 처　해광출판사
http://www.hgbookpub.com
E-mail : munbookcokr@naver.com
주　소　부산광역시 중구 해관로 41-1 (중앙동2가)
전화번호　(051) 253-0001　팩스 (051) 245-1187
등　록　제 2012-000005호

해광출판사에서는 여러분의 소중한 원고와 함께 할 기회를 기다리고 있습니다. 책으로 엮을 원고나 아이디어가 있으신 분들은 이메일 munbookcokr@naver.com 로 책에 대한 간단한 개요와 원고 전체 또는 일부를 연락처와 함께 보내주십시오.

ISBN 979-11-6881-877-4

※ 법령 출처 : 법제처 국가법령정보센터
※ 본 도서는 〈공공데이터 제공 및 이용 활성화에 관한 법률〉을 근거로 출판되었습니다.

해광출판사 대한민국 법령 시리즈

001. 선원법
002. 어선법
003. 선박직원법
004. 해사안전기본법
005. 해양환경관리법
006. 선박의 입항 및 출항등에 관한 법률
007. 학교안전사고예방 및 보상에 관한 법률
008. 종합부동산세법
009. 방위사업법
010. 행정규제기본법
011. 식품산업진흥법
012. 위험물안전관리법
013. 화재의 예방 및 안전관리에 관한 법률
014. 도시가스사업법
015. 실내공기질관리법
016. 지방세법
017. 소득세법
018. 법인세법
019. 도선법
020. 선박안전법
021. 선박법
022. 수산업법
023. 고압가스안전관리법
024. 국민연금법
025. 공동주택관리법
026. 화학물질관리법
027. 어선원 및 어선 재해보상보험법
028. 장기등 이식에 관한 법률
029. 자연재해대책법
030. 공유재산 및 물품 관리법
031. 산업입지 및 개발에 관한 법률
032. 부정경쟁방지 및 영업비밀보호에 관한 법률
033. 금융지주회사법
034. 온실가스 배출권의 할당 및 거래에 관한 법률
035. 건축사법
036. 산림문화휴양에 관한 법률
037. 전기사업법
038. 사립학교법
039. 고등교육법
040. 액화석유가스의 안전관리 및 사업법
041. 선박투자회사법
042. 수산자원관리법
043. 위험물선박운송및저장규칙
044. 선박평형수관리법
045. 주택임대차보호법
046. 상가건물임대차보호법
047. 지방공기업법
048. 승강기안전관리법
049. 수목원·정원의 조성 및 진흥에 관한 법률
050. 민법
051. 치료감호 등에 관한 법률
052. 대부업 등의 등록 및 금융이용자 보호에 관한 법률
053. 사료관리법
054. 무형문화재 보전 및 진흥에 관한 법률
055. 총포·도검·화약류 등의 안전관리에 관한 법률
056. 경찰관직무집행법
057. 시설물의 안전 및 유지관리에 관한 특별법
058. 수산생물질병 관리법
059. 소비자기본법
060. 국제선박등록법
061. 정보통신망 이용촉진 및 정보보호 등에 관한 법률
062. 해운법
063. 농수산물 품질관리법
064. 수산업협동조합법
065. 해외건설촉진법
066. 수상레저안전법
067. 공무원재해보상법
068. 수상에서의 수색·구조 등에 관한 법률
069. 어촌어항법
070. 항만법
071. 항만운송사업법
072. 해양경비법
073. 해양사고의 조사 및 심판에 관한 법률
074. 외국인근로자의 고용 등에 관한 법률
075. 중소기업기본법
076. 자유무역지역의 지정 및 운영에 관한 법률
077. 대기환경보전법
078. 소음진동관리법
079. 폐기물관리법
080. 하수도법
081. 물환경보전법
082. 토양환경보전법
083. 환경정책기본법
084. 산업재해보상보험법
085. 관세법
086. 노동조합 및 노동관계조정법
087. 근로기준법
088. 군인연금법
089. 먹는물관리법
090. 기술보증기금법
091. 관광진흥법
092. 감염병의 예방 및 관리에 관한 법률
093. 사법경찰관리의 직무를 수행할 자와 그 직무범위에 관한 법률
094. 수의사법
095. 가정폭력방지 및 피해자보호 등에 관한 법률
096. 환경영향평가법
097. 체육시설의 설치 · 이용에 관한 법률
098. 장사 등에 관한 법률
099. 상호저축은행법
100. 은행법
101. 보호관찰 등에 관한 법률
102. 형법
103. 자동차관리법
104. 형사소송법
105. 전자금융거래법
106. 마약류 불법거래 방지에 관한 특례법
107. 도로법
108. 주세법
109. 변리사법
110. 하천법
111. 중소기업진흥에 관한 법률
112. 발달장애인 권리보장 및 지원에 관한 법률
113. 주택법
114. 장애인복지법
115. 농어업경영체 육성 및 지원에 관한 법률
116. 공인중개사법
117. 건강기능식품에 관한 법률
118. 예비군법
119. 개발제한구역의 지정 및 관리에 관한 특별조치법
120. 국유재산법
121. 주차장법
122. 환경기술 및 환경산업 지원법
123. 대기관리권역의 대기환경개선에 관한 특별법
124. 악취방지법
125. 미세먼지 저감 및 관리에 관한 특별법
126. 가축분뇨의 관리 및 이용에 관한 법률
127. 물의 재이용 촉진 및 지원에 관한 법률
128. 물관리기본법
129. 물관리기술 발전 및 물산업 진흥에 관한 법률
130. 자원의 절약과 재활용촉진에 관한 법률
131. 전기 · 전자제품 및 자동차의 자원순환에 관한 법률
132. 건설폐기물의 재활용촉진에 관한 법률
133. 수도권매립지관리공사의 설립 및 운영 등에 관한 법률
134. 폐기물의 국가 간 이동 및 그 처리에 관한 법률
135. 폐기물처리시설 설치촉진 및 주변지역지원 등에 관한 법률
136. 자원순환기본법
137. 잔류성오염물질 관리법
138. 환경분쟁 조정법

해광출판사 대한민국 법령 시리즈

139. 화학물질의 등록 및 평가 등에 관한 법률
140. 환경오염시설의 통합관리에 관한 법률
141. 환경오염피해 배상책임 및 구제에 관한 법률
142. 중소기업제품 구매촉진 및 판로지원에 관한 법률
143. 환경개선비용 부담법
144. 환경분야 시험·검사 등에 관한 법률
145. 환경친화적 산업구조로의 전환촉진에 관한 법률
146. 환경친화적 자동차의 개발 및 보급 촉진에 관한 법률
147. 환경범죄 등의 단속 및 가중처벌에 관한 법률
148. 생명윤리 및 안전에 관한 법률
149. 장애인차별금지 및 권리구제 등에 관한 법률
150. 부동산투자회사법
151. 정치자금법
152. 과학기술기본법
153. 대리점거래의 공정화에 관한 법률
154. 상속세 및 증여세법
155. 학원의 설립 · 운영 및 과외교습에 관한 법률
156. 해양심층수의 개발 및 관리에 관한 법률
157. 전기용품 및 생활용품 안전관리법
158. 사회기반시설에 대한 민간투자법
159. 공직선거법
160. 정당법
161. 유류오염손해배상 보장법
162. 부정청탁 및 금품등 수수의 금지에 관한 법률
163. 항로표지법
164. 어장관리법
165. 민방위기본법
166. 공직자윤리법
167. 선거관리위원회법
168. 유선 및 도선 사업법
169. 전기공사업법
170. 사회복지사업법
171. 택지개발촉진법
172. 국가공무원법
173. 민간임대주택에 관한 특별법
174. 어음법·수표법
175. 민사집행법
176. 상법
177. 문화예술진흥법
178. 중소기업협동조합법
179. 농업협동조합법
180. 도로교통법
181. 의료사고 피해구제 및 의료분쟁 조정 등에 관한 법률
182. 산림보호법
183. 소년법
184. 동물보호법
185. 건축물관리법
186. 도시개발법
187. 화물자동차 운수사업법
188. 도시 및 주거환경정비법
189. 의료법
190. 국회법
191. 응급의료에 관한 법률
192. 출입국관리법
193. 노인복지법
194. 산림자원의 조성 및 관리에 관한 법률
195. 청소년 보호법
196. 초 · 중등교육법
197. 혁신도시 조성 및 발전에 관한 특별법
198. 경제자유구역의 지정 및 운영에 관한 특별법
199. 공공기관의 운영에 관한 법률
200. 대한민국헌법
201. 국민기초생활 보장법
202. 저작권법
203. 가사소송법
204. 국가유공자 등 예우 및 지원에 관한 법률
205. 국민체육진흥법
206. 전통주 등의 산업진흥에 관한 법률
207. 재난 및 안전관리 기본법
208. 정보통신공사업법
209. 주식회사 등의 외부감사에 관한 법률
210. 공익사업을 위한 토지 등의 취득 및 보상에 관한 법률
211. 개인정보 보호법
212. 국세기본법
213. 에너지이용 합리화법
214. 감정평가 및 감정평가사에 관한 법률
215. 국가인권위원회법
216. 가맹사업거래의 공정화에 관한 법률
217. 보건의료기본법
218. 산업안전보건법
219. 법무사법
220. 교육공무원법
221. 특허법
222. 민사소송법
223. 아동복지법
224. 전파법
225. 하도급거래 공정화에 관한 법률
226. 기초연금법
227. 사립학교교직원 연금법
228. 직업안정법
229. 장애아동 복지지원법
230. 부동산등기법
231. 자동차손해배상 보장법
232. 철도안전법
233. 항공안전법
234. 전자상거래 등에서의 소비자보호에 관한 법률
235. 독점규제 및 공정거래에 관한 법률
236. 상표법
237. 채무자 회생 및 파산에 관한 법률
238. 공무원연금법
239. 축산법
240. 근로복지기본법
241. 민원 처리에 관한 법률
242. 약사법
243. 방문판매 등에 관한 법률
244. 건축기본법
245. 지방세기본법
246. 지방세징수법
247. 지방자치법
248. 도시교통정비 촉진법
249. 공공주택 특별법
250. 국세징수법
251. 공인노무사법
252. 중대재해 처벌 등에 관한 법률
253. 외무공무원법
254. 소방시설공사업법
255. 검역법
256. 공중위생관리법
257. 할부거래에 관한 법률
258. 인터넷 멀티미디어 방송사업법
259. 전기통신사업법
260. 제품안전기본법
261. 철도사업법
262. 어린이제품 안전 특별법
263. 영유아보육법
264. 원자력안전법
265. 보험업법
266. 경비업법
267. 교통안전법
268. 세무사법
269. 관세사법
270. 공인회계사법
271. 지방공무원법
272. 고용정책 기본법
273. 국가경찰과 자치경찰의 조직 및 운영에 관한 법률
274. 협동조합 기본법
275. 재해구호법
276. 환경보건법

해광출판사 대한민국 법령 시리즈

277. 자살예방 및 생명존중문화 조성을 위한 법률
278. 소방산업의 진흥에 관한 법률
279. 소방기본법
280. 비송사건절차법
281. 자연환경보전법
282. 변호사법
283. 기업구조조정투자회사법
284. 전기통신기본법
285. 에너지법
286. 해양생태계의 보전 및 관리에 관한 법률
287. 사회보장기본법
288. 통신비밀보호법
289. 공증인법
290. 물류시설의 개발 및 운영에 관한 법률
291. 청소년활동 진흥법
292. 형의 집행 및 수용자의 처우에 관한 법률
293. 도시공원 및 녹지 등에 관한 법률
294. 태권도 진흥 및 태권도공원 조성 등에 관한 법률
295. 녹색건축물 조성 지원법
296. 우편법
297. 예금자보호법
298. 건설산업기본법
299. 금융회사의 지배구조에 관한 법률
300. 장애인활동 지원에 관한 법률
301. 언론중재 및 피해구제 등에 관한 법률
302. 국가재정법
303. 농지법
304. 게임산업진흥에 관한 법률
305. 정신건강증진 및 정신질환자 복지서비스 지원에 관한 법률
306. 디자인보호법
307. 의료기사 등에 관한 법률
308. 스마트도시 조성 및 산업진흥 등에 관한 법률
309. 내수면어업법
310. 한국주택금융공사법
311. 의료기기법
312. 유통산업발전법
313. 전통시장 및 상점가 육성을 위한 특별법
314. 여신전문금융업법
315. 해외자원개발 사업법
316. 산업교육진흥 및 산학연협력촉진에 관한 법률
317. 빈집 및 소규모주택 정비에 관한 특례법
318. 기업도시개발 특별법
319. 전력기술관리법
320. 국토기본법
321. 지하수법
322. 식품위생법
323. 광업법
324. 호스피스·완화의료 및 임종과정에 있는 환자의 연명의료결정에 관한 법률
325. 주식·사채 등의 전자등록에 관한 법률
326. 표시·광고의 공정화에 관한 법률
327. 골재채취법
328. 국민건강증진법
329. 새마을금고법
330. 여객자동차 운수사업법
331. 마리나항만의 조성 및 관리 등에 관한 법률
332. 한부모가족지원법
333. 국가를 당사자로 하는 계약에 관한 법률
334. 지방자치단체를 당사자로 하는 계약에 관한 법률
335. 축산물 위생관리법
336. 병역법
337. 음악산업진흥에 관한 법률
338. 국가균형발전 특별법
339. 첨단재생의료 및 첨단바이오의약품 안전 및 지원에 관한 법률
340. 공간정보의 구축 및 관리 등에 관한 법률
341. 공유수면 관리 및 매립에 관한 법률
342. 농수산물 유통 및 가격안정에 관한 법률
343. 아시아문화중심도시 조성에 관한 특별법
344. 신탁법
345. 자연공원법
346. 생활화학제품 및 살생물제의 안전관리에 관한 법률
347. 군인사법
348. 국제조세조정에 관한 법률
349. 낙동강수계 물관리 및 주민지원 등에 관한 법률
350. 주민등록법
351. 집합건물의 소유 및 관리에 관한 법률
352. 집단에너지사업법
353. 산림조합법
354. 반도체집적회로의 배치설계에 관한 법률
355. 자본시장과 금융투자업에 관한 법률
356. 담보부사채신탁법
357. 근로자퇴직급여 보장법
358. 국제과학비즈니스벨트 조성 및 지원에 관한 특별법
359. 수도법
360. 식품 등의 표시·광고에 관한 법률
361. 약관의 규제에 관한 법률
362. 인삼산업법
363. 종자산업법
364. 항공사업법
365. 건설기계관리법
366. 군형법
367. 궤도운송법
368. 기술의 이전 및 사업화 촉진에 관한 법률
369. 농수산물의 원산지 표시 등에 관한 법률
370. 담배사업법
371. 석유 및 석유대체연료 사업법
372. 가축전염병 예방법
373. 농어촌정비법
374. 식물신품종 보호법
375. 항공보안법
376. 중소기업창업 지원법
377. 군사법원법
378. 우주개발 진흥법
379. 해저광물자원 개발법
380. 산림복지 진흥에 관한 법률
381. 지능형 로봇 개발 및 보급 촉진법
382. 헌법재판소법
383. 옥외광고물 등의 관리와 옥외광고산업 진흥에 관한 법률
384. 혈액관리법
385. 국제항해선박 등에 대한 해적행위 피해예방에 관한 법률
386. 유료도로법
387. 독립유공자예우에 관한 법률
388. 신에너지 및 재생에너지 개발·이용·보급 촉진법
389. 신용정보의 이용 및 보호에 관한 법률
390. 출판문화산업 진흥법
391. 공항시설법
392. 국민 평생 직업능력 개발법
393. 아동·청소년의 성보호에 관한 법률
394. 방송법
395. 신용보증기금법
396. 화장품법
397. 청소년 기본법
398. 인터넷주소자원에 관한 법률
399. 양곡관리법
400. 도로명주소법
401. 전자문서 및 전자거래 기본법
402. 산업기술의 유출방지 및 보호에 관한 법률
403. 국가기술자격법
404. 양식산업발전법
405. 산업기술혁신 촉진법
406. 새만금사업 추진 및 지원에 관한 특별법
407. 전자정부법
408. 지역 개발 및 지원에 관한 법률
409. 한국농어촌공사 및 농지관리기금법
410. 계량에 관한 법률
411. 기업활동 규제완화에 관한 특별조치법
412. 군에서의 형의 집행 및 군수용자의 처우에 관한 법률

해광출판사 대한민국 법령 시리즈

413. 규제자유특구 및 지역특화발전특구에 관한 규제특례법
414. 금융위원회의 설치 등에 관한 법률
415. 남녀고용평등과 일·가정 양립 지원에 관한 법률
416. 농어업인 삶의 질 향상 및 농어촌지역 개발촉진에 관한 특별법
417. 댐건설·관리 및 주변지역지원 등에 관한 법률
418. 국가유산수리 등에 관한 법률
419. 법원조직법
420. 보훈보상대상자 지원에 관한 법률
421. 부패방지 및 국민권익위원회의 설치와 운영에 관한 법률
422. 과학기술분야 정부출연연구기관 등의 설립·운영 및 육성에 관한 법률
423. 연구개발특구의 육성에 관한 특별법
424. 친환경농어업 육성 및 유기식품 등의 관리·지원에 관한 법률
425. 연안관리법
426. 영화 및 비디오물의 진흥에 관한 법률
427. 신용협동조합법
428. 방송통신발전 기본법
429. 범죄피해자 보호법
430. 가축 및 축산물 이력관리에 관한 법률
431. 국가표준기본법
432. 국가통합교통체계효율화법
433. 범죄인 인도법
434. 국가과학기술 경쟁력 강화를 위한 이공계지원 특별법
435. 국제경기대회 지원법
436. 금융혁신지원 특별법
437. 수자원의 조사·계획 및 관리에 관한 법률
438. 축산자조금의 조성 및 운용에 관한 법률
439. 소방시설 설치 및 관리에 관한 법률
440. 양성평등기본법
441. 축산계열화사업에 관한 법률
442. 수입식품안전관리 특별법
443. 대외무역법
444. 국가연구개발사업 등의 성과평가 및 성과관리에 관한 법률
445. 무역보험법
446. 기술사법
447. 광산안전법
448. 농약관리법
449. 농업·농촌 및 식품산업 기본법
450. 문화산업진흥 기본법
451. 부담금관리 기본법
452. 야생생물 보호 및 관리에 관한 법률
453. 한국은행법
454. 별정우체국법
455. 원양산업발전법
456. 콘텐츠산업 진흥법
457. 한국수출입은행법
458. 외국인투자 촉진법
459. 물류정책기본법
460. 전자서명법
461. 산업발전법
462. 산업표준화법
463. 소프트웨어 진흥법
464. 토지이용규제 기본법
465. 해수욕장의 이용 및 관리에 관한 법률
466. 정보통신 진흥 및 융합 활성화 등에 관한 특별법
467. 정보통신산업 진흥법
468. 지진·화산재해대책법
469. 소금산업진흥법
470. 위치정보의 보호 및 이용 등에 관한 법률
471. 외국법자문사법
472. 이러닝(전자학습)산업 발전 및 이러닝 활용 촉진에 관한 법률
473. 암관리법
474. 실용신안법
475. 가족관계의 등록 등에 관한 법률
476. 무인도서의 보전 및 관리에 관한 법률
477. 감사원법
478. 정보보호산업의 진흥에 관한 법률
479. 결혼중개업의 관리에 관한 법률
480. 공익신고자 보호법
481. 박물관 및 미술관 진흥법
482. 낚시 관리 및 육성법
483. 동산·채권 등의 담보에 관한 법률
484. 임금채권보장법
485. 국민투표법
486. 농림수산업자 신용보증법
487. 국가채권 관리법
488. 중소기업은행법
489. 식품안전기본법
490. 외국환거래법
491. 발명진흥법
492. 건설기술 진흥법
493. 기후위기 대응을 위한 탄소중립·녹색성장 기본법
494. 인체조직안전 및 관리 등에 관한 법률
495. 엔지니어링산업 진흥법
496. 신문 등의 진흥에 관한 법률
497. 식물방역법
498. 석탄산업법
499. 산업융합 촉진법
500. 비료관리법
501. 임업 및 산촌 진흥촉진에 관한 법률
502. 복권 및 복권기금법
503. 대규모유통업에서의 거래 공정화에 관한 법률
504. 뉴스통신 진흥에 관한 법률
505. 지능정보화 기본법
506. 자격기본법
507. 중소기업 기술혁신 촉진법
508. 국가공간정보 기본법
509. 농어업재해대책법
510. 방송광고판매대행 등에 관한 법률
511. 지식재산 기본법
512. 초고층 및 지하연계 복합건축물 재난관리에 관한 특별법
513. 해양 조사와 해양정보 활용에 관한 법률
514. 공간정보산업 진흥법
515. 공공기관의 정보공개에 관한 법률
516. 행정기본법
517. 해상교통안전법
518. 농어업재해보험법
519. 문화유산의 보존 및 활용에 관한 법률
520. 자연유산의 보존 및 활용에 관한 법률
521. 국토의 계획 및 이용에 관한 법률
522. 건축법
523. 국민건강보험법
524. 계엄법
525. 환경친화적 선박의 개발 및 보급 촉진에 관한 법률
526. 해양폐기물 및 해양오염퇴적물 관리법
527. 연안사고 예방에 관한 법률
528. 전기안전관리법
529. 의약품 등의 안전에 관한 규칙
530. 공공보건의료에 관한 법률
531. 군보건의료에 관한 법률
532. 농어촌 등 보건의료를 위한 특별조치법
533. 보호소년 등의 처우에 관한 법률
534. 국가를 당사자로 하는 소송에 관한 법률
535. 간호법
536. 국립묘지의 설치 및 운영에 관한 법률
537. 주류 면허 등에 관한 법률
538. 부가가치세법
539. 자율운항선박 개발 및 상용화 촉진에 관한 법률

*** 해광출판사의 법령 시리즈는 계속 발행 됩니다.**
**** 각 도서의 개정판은 인쇄일을 기준으로 제작 되었습니다.**